KB045809

나는 나에게만
친절합니다

한국어판에는 일본어판 원서에 없는 외부 사진이 총 37쪽(6, 19, 20, 21, 24, 47, 58, 59, 74, 75, 89, 90, 113, 116, 117, 132, 140, 152, 153, 162, 183, 199, 211, 213, 223, 229, 231, 232, 233, 239, 241, 248, 256, 257, 258, 259, 261) 삽입됐습니다. 책에 사용된 이미지는 ㈜알에이치코리아가 저작권자와 협의해 사용권을 정식 구매한 것이므로 본사의 서면 허락 없이는 무단 사용 혹은 복제를 금합니다.

독일인에게 배운 까칠 통명 삶의 기술

나는 나에게만 친절합니다

구보타 유키 지음 — 강수연 옮김

한국어판 머리말

한국의 당신께

안녕하세요. 구보타 유키입니다.
이 책은 제가 지난 10년간 독일에 살면서 느끼고 배운 점을 적어 내려간 것입니다. 지난해 일본에서 출간된 데 이어 이번에 한국에서도 출간된다는 이야기를 들었을 때는 조금 신기한 기분이었어요. 그러다 문득 궁금해졌어요. 한국에 계신 당신께도 제 이야기가 도움이 될까.
곰곰이 생각을 하다 보니 문득 옛 기억이 떠올랐습니다. 지금으로부터 10년도 더 된 이야기지만 전 2008년 서울을 여행한 적이 있습니다. 저의 첫 한국 여행이었죠. 부랴부랴 공항에서 지하철을 타고 시내로 나가 거리를 걷고 예쁜 가게와 레스토랑을 돌아보았습니다. 한국의 여러분과 짧은 대화를 나누기도 했고요. 저는 그때 이미 독일에 살고 있었습니다. 그런 제 눈에 한국 사람들의 생김새나 거리 풍경은 일본과 비슷하게 느껴졌어요. 그러면서도 분위기는 사뭇 달랐지요. 3박 4일의 짧은 일정이었지만 이런 차이를 읽는 것은 제게 무척 흥미로운 경험이었습니다.

한국과 일본은 분명 다른 나라입니다. 하지만 독일과 일본의 차이에 비하면, 한국과 일본은 차이가 거의 없다고 할 수 있을 만큼 비슷하다고 느껴졌습니다. 그러니 어쩌면 일본인을 위해서 쓴 제 책이 한국에 있는 당신께도 뭔가 힌트가 될지 모르겠습니다. 네, 그럴 수 있길 바랍니다.

제가 전보다 편안해질 수 있던 건 독일에 살면서 일본에서 살 때와는 다른 세계를 접한 덕분일 거예요. 다양한 가치관과 사고를 접하며 시야가 넓어지면 자연스럽게 마음도 가벼워집니다. 제가 그랬듯 당신이 한국, 일본, 독일 그 어디에 사느냐와 관계없이 스트레스 받지 않고 자신의 인생을 살 수 있게 된다면 좋겠습니다.

이 책이 당신께 조금이라도 도움이 되길 바랍니다.

2019년 9월 완연한 가을 베를린에서

구보타 유키

머리말

어디서든 편안한 마음으로 내 인생을 살아갈 수 있도록

어느 날 아침의 신주쿠역. 저는 당시 근무하던 출판사로 출근하던 길이었습니다. 출근 러시아워는 지났지만, 지하철역의 통로는 바삐 걷는 사람들로 몹시 붐볐죠. 어제와 별다를 것 없이 바쁘고 정신없는 신주쿠의 흔한 아침이었어요. 그런데 그날, 저는 제 옆을 지나가는 어떤 여자와 세게 부딪히고 말았습니다. 전 부딪히자마자 반사적으로 상대방을 노려봤어요. 그 분이 일부러 그런 것도 아닌데 말이죠. 평소 같으면 습관적으로 "죄송합니다." 하고 지나갔을 텐데, 그날따라 제어가 되지 않을 정도로 짜증이 치밀어 올랐어요. 그리고 순간 그런 자신에게 무척 놀라고 말았습니다. 생각했죠. '나는 망가지고 있구나. 이대로는 안 되겠어.'

저는 출판사에서 책을 만드는 편집자였습니다. 취재를 하고 한 권의 책을 완성하는 작업은 제게 있어 매번 새롭고 즐거운 작업이었어요. 좋아하는 일을 직업으로 삼을 수 있어서 운이 좋다고 생각했죠. 하지만 늘 성과가 요구되고 끝나지 않은 야근이 이어졌습니다. 어느새 스트레스가 차곡차곡 쌓여 가슴 속에 덩어리졌어요.

그러다 작은 일에도 짜증이 나고 즐거운 일이 생겨도 웃지 못할 정도까지 메마른 상태가 돼버렸죠. 가끔씩은 아, 내 인생은 도대체 뭔가 하고 기분이 끝도 없이 가라앉았어요. 신주쿠역에서 사람과 부딪힌 게 바로 그 즈음이었어요.

뭐가 잘못된 걸까, 이유를 찾을 수 없었던 그때, 문득 어릴 적 살았던 독일이 기억났습니다.

저는 초등학교 6학년 때 아버지를 따라 1년 동안 서독에 살았어요. 아이였던 당시에도 '다들 느긋하게 사는 구나. 왠지 살기 좋은 나라인 것 같아'라고 느낀 기억이 납니다.

집 근처에는 외국인 학교가 없었기 때문에 현지 학교에 입학해야 했어요. 독일어도 영어도 몰랐지만 애초부터 1년만 살 예정이어서 어떻게든 될 거라고 태평하게 생각했던 것 같아요. 그 학교에 일본인은 저 혼자였어요. 의사소통도 제대로 못하는 저를 같은 반 친구들도 선생님도 따뜻하게 맞아주었기에 금방 적응할 수 있었죠.

독일에서 살았던 그 1년의 기억은 제게 큰 밑거름이 됐어요. 일본과는 다른 세계, 다른 삶의 방식이 있다는 사실을 초등학교 6학년짜리가 어렴풋이 이해한 거예요.

신주쿠역에서 사람과 부딪혔을 때, 독일에서 살았던 그 기억이 되살아났어요. 일본을 떠나 독일로 가자고 생각한 이유는 그곳이 일본이 아닌, 그러면서도 제게 친근한 나라였기 때문이에요. 1년 정도 일본을 벗어나 독일의 느긋한 템포로 살고 싶다. 그러면 지긋지긋한 이 상황에서 탈출할 수 있을 거야……. 당시에는 그저 쉬고싶다는 생각이 절실했던 것 같아요. 얼마 후 저는 베를린으로 건너왔고 지금까지 베를린에서 살고 있습니다.

제가 사는 베를린은 독일에서도 좀 특이한 곳이에요. 어린 시절 살았던 서독의 도시와도 전혀 달라요. 제가 왔을 즈음의 베를린은 지금처럼 경제 사정이 좋진 않았지만 자유로운 분위기였어요. 여기서는 나도 뭔가 할 수 있겠다는 근거 없는 에너지가 샘솟았어요.

베를린에 오지 않았다면 접점이 없을 사람들. 알지 못했을 세계. 그런 만남을 거듭하는 동안 제 안에서 시야와 생각의 폭이 넓어졌어요. 문득 깨닫고 보니 응어리처럼 쌓여있던 스트레스도 사라지고 마음이 훨씬 가벼워졌어요.

이 책은 독일 생활의 이모저모를 전함으로써 여러분의 마음이 편안해지고 새로운 시각이 생기는 계기가 됐으면 하는 마음으로 썼어요.
제가 독일에서 경험한 것, 시행착오를 거치며 어느새 편안한 마음으로 살게 된 과정, 그리고 독일에 살지 않더라도 스트레스를 덜 받으며 살 수 있는 방법을 소개하고자 합니다.
솔직히 저는 베를린이 좋아서 살고 있지만, 독일이라는 나라가 뭐든 근사하다고 생각하지는 않아요. 모든 게 이상적인 나라는 없습니다. 딱히 독일을 그대로 모방하자는 건 아님을 알아주세요. 다만 다른 가치관을 앎으로써 시야를 넓히고 지금까지 받아온 스트레스에서 벗어나는 데 이 책이 하나의 계기가 되었으면 합니다.

다양한 사고방식을 알면 그만큼 넓은 시야로 자기 기준을 정할 수 있어요. 내 기준이 있으면 내 행동을 수긍하게 됩니다. 그러면 어디서든 내 인생을 살아갈 수 있어요. 저는 그것이야말로 행복이라고 생각해요.
여러분도 저도 스트레스를 쌓아두지 않고 하루하루 알차게 보낼 수 있기를, 그런 삶을 살아가는 데 이 책이 도움이 될 수 있기를 바랍니다.

구보타 유키

차례

Kapitel 4

먹기

190

아침은 황제, 점심은 왕, 저녁은 거지처럼 | 정성스러운 요리와 심플한 한 끼 사이 | 빵의 나라, 소시지의 천국 | 가족과 함께 식후 보드게임 한 판 | 평일과 주말 식탁은 강약 중간약 | 도시락은 꾸미는 게 아니라 먹는 것 | 시럽과 잼과 케이크는 찬장에 가득히 | 맛있는 건 둘째 치고 안전한가요?

die Arb

Kapitel 1

일하기

모두가 빈둥거리는데 잘 돌아가는 이상한 나라

도망치다시피 일본을 떠나 베를린에 도착했을 때, 전 마음의 여유를 완전히 잃어버린 상태였습니다. 그때는 일만 하는 삶이 지긋지긋하다고 생각했어요. 돌이켜보면 휴일에는 쉴 수 있었고 가족이나 친구와도 시간을 보냈으니 오로지 일만 하는 생활은 아니었는데도, 쉬고 있다는 걸 인식하지 못할 정도로 지쳐있었던 거죠. 모든 기운을 소모하고 난 뒤에야 전 회사를 그만두고 독일에서 프리랜서 작가로 생활할 수 있을 만큼의 돈을 들고 베를린으로 건너갈 수 있었습니다. 그리고 짐을 푼 직후부터 독일인의 워라밸Work-life balance에 궁금증을 품게 되었습니다.

여러분은 '독일인'이라고 하면 어떤 이미지가 떠오르나요? 굳은 표정의 은행원처럼 어딘가 모르게 경직돼 보이는, 성실하고 근면한 인상 아닌가요? 하지만 실제로 독일 내부에서는 '독일인은 게으름뱅이'라는 인식이 지배적입니다. 실제로 독일은 서류상으로 세계에서 가장 적게 일하고 가장 길게 휴가를 떠나는 나라예요. 독일의 직장인들은 여름휴가를 3주 정도 다녀옵니다. 느긋하게 '3주의 쉼'을 보내는 것이 이들 사회에서는 지극히 당연한 일입니다.

평일 오후에도 독일 거리를 걷다 보면 한가롭게 맥주를 마시거나 공원에서 빈둥거리는 사람을 많이 볼 수 있습니다.

'아니, 이렇게 맨날 노는데 독일 사회는 대체 어떻게 굴러가는 거지?'

처음에는 그저 신기했어요. 저는 일본에서 매일 일하고 또 일해도 업무가 전혀 줄지 않았거든요……. 파도 파도 끝이 없는 땅굴 속으로 들어가는 기분이었죠.

처음에는 독일 사회가 어떻게 굴러가고 작용하는지 답을 찾을 수 없었습니다. 하지만 독일에서 10년 정도 살면서 서서히 그 해답 비슷한 것이 보이기 시작했어요. 물론 저 역시 특별할 것 없는 지극히 당연한 일상을 즐길 수 있게 되기까지 긴 시간이 필요했죠. 그래서 지금부터 실제로 독일인은 어떻게 일하는지, 그들의 일하는 방식을 전하고자 합니다.

독일인은 정말 근면 성실합니까

"그건 내 일이 아닙니다."

"난 모른다니까요!"

독일의 창구에서, 관공서에서, 전화 통화에서 이런 말을 얼마나 많이 들었는지 몰라요. 처음에는 불퉁한 얼굴로 마치 레이저를 쏘아붙이는 것 같은 독일인들의 직설적인 말투에 무척 놀랐어요. 일본에 살았던 저로서는 도무지 이해되지 않는 상황들 투성이라 "그럼 담당자에게 물어보고 답을 달라고요!"라고 일일이 화를 내고는 했죠.

저는 일본 미디어에 기사를 쓰기 위해 독일 기업이나 가게에 자주 취재를 요청해요. 우선은 메일로 취재 의뢰를 요청하는데 좀처럼 회신을 받을 수 없습니다. 혹시나 서툰 문장이나 표현 때문에 거절당하는 건가 싶어서 독일어로 쓴 메일 내용은 독일인의 감수를 받고 보내지요. 시스템을 제대로 갖춘 것 같은데도 답을 받는 확률은 낮고요.

참다 참다 회사에 전화를 걸어도 "확인이 어려우니 메일로 보내주세요.", "메일은 와 있지만 답을 할 때까지 기다려요—하지만 당연하게도 답은 영영 오지 않습니다—.", "여기가 아니라 다른 부서에 전화하세요."라며 결론이 나지 않아요.

처음에는 제가 뭔가 잘못했나 생각했지만, 그게 아니라는 걸 차차 깨닫게 됐어요. 아마도 일본 미디어의 취재는 그다지 의미가 없다고 여겨서 답하지 않은 것이겠죠. 물론 개중에는 신속하고 정중하게 응대해주는 경우도 있긴 하지만 극히 드물어요. 이제는 저도 상황이 어떻게 돌아가는지 아니까 반응이 없으면 끈질기게 답을 기다리는 대신 곧바로 다음 단계로 넘어가거나 다른 방법을 찾아요.

이처럼 독일에서는 매사가 원활하게 진행되지 않는 경

우가 허다해요. 현장에 와 보니 사전에 들은 것과 상황이 다르거나 약속 시간에 사람이 나타나지 않는 등 예를 들자면 한도 끝도 없어요.

많은 사람이 '독일인은 근면성실하다'라는 이미지를 갖고 있을 거예요. 근면의 정의가 무엇인가 하는 문제는 차치하고, 그 이미지가 맞기도 하고 틀리기도 하다는 걸 10년 동안 베를린에서 생활하며 저는 매일매일 실감하고 있어요.

독일,

이런 서비스 불모지

독일의 서비스 수준은 일본과는 비교할 수 없을 정도예요. 독일에 살면서 누구나 한 번쯤은 '서비스 불모지'의 현실 때문에 속 터지는 경험을 하게 됩니다. 그 중 하나가 바로 택배예요. 물론 제 속도 몇 번이나 터트렸죠(!).

어느 날 저는 커다란 박스에 넣은 짐을 부치려고 비교적 저렴한 택배사의 택배 수거 서비스를 신청했어요. 보낼 물건을 택배원이 가지러 오는 수거 서비스는 물론 유료예요. 사람의 수고와 노력이 들어가니 당연하죠.

물건을 보낼 때는 택배사 대리점이나 우체국에 갖고 가요.

독일의 택배사는 DHL이나 Hermes 등이 있어요.

신청을 하자 오전 여덟 시에서 오후 여섯 시 사이에 방문한다는 답변이 왔어요. 하루 종일 기다리라는 거예요. 일본인이라면 분명 이 단계에서 의아해하겠죠. 유료 서비스인데도 수거 시간이 하루 중 언제인지 모른다는 건 일본에서는 상상할 수 없을 거예요. 하지만 독일에 익숙해지고 나서는 이것 역시 일상적인 일로 받아들이게 됐어요. 일본의 택배사처럼 두 시간 단위로 시간을 지정하는 세심한 서비스는 독일에서는 있을 수 없기 때문이에요.

아침 여덟 시는 제게는 빨리 일어나야 하는 시간대입니다. 그래도 수거 서비스를 신청했으니 어쩌겠어요. 알람을 맞춰놓고 일찌감치 일어나 샤워도 하지 않은 채 기다렸어요. 화장실에 간 사이에 사람이 오면 안 되니까 볼일도 서둘러 봤죠.

시간을 흘러 점심시간을 지나 오후 세 시가 됐습니다. 조금 불안했지만 마감 시간에 임박해 올지도 모른다며 목을 빼고 기다렸어요. 하지만 허무하게도 시곗바늘이 여섯 시를 가리킬 때까지 벨은 울리지 않았습니다. 어떻게 된 거지, 연락이 잘 안 된 건가, 택배원에게 무슨 일이 있는 건가……. 걱정하며 나가는 길에 1층에 있는 우편함을 열어 봤어요.

그러자 우편함에서 종이 한 장이 펄럭이며 떨어졌어요. 거기에는 이렇게 적혀 있었죠. '13시 30분경에 택배를 수거를 하러 왔는데 부재중이었다.'

아아, 그때의 분노란……! 아침 여덟 시부터 일어나 샤워도 하지 않고 화장실도 서둘러 다녀와서 오로지 택배원이 오길 기다리고 또 기다렸는데! 맹세코 벨소리는 한 번도 울리지 않았는데! 머리끝까지 화가 나 폭발할 지경이었어요. 곧장 택배사에 메일을 보냈죠. 하지만 메일을 쓰면서도 머리 한 구석에서는 '하 역시…….'라는 생각이 들었어요.

집에 사람이 있는데 벨도 안 누르고 멋대로 부재 알림장을 넣어두고 간다. 이런 이야기는 독일에서 숱하게 들었고, 이미 이전에도 경험한 적이 있기 때문이에요. 저희 집은 아파트는 5층입니다 1층 현관 옆에 있는 명패를 보면 층수를 알 수 있어요. 지은 지 100년 넘은 베를린의 아파트 대부분이 그렇듯 엘리베이터는 없어요. 택배원은 5층까지 계단을 오르기가 귀찮아서 부재중이었다고 한 게 분명했죠.

029

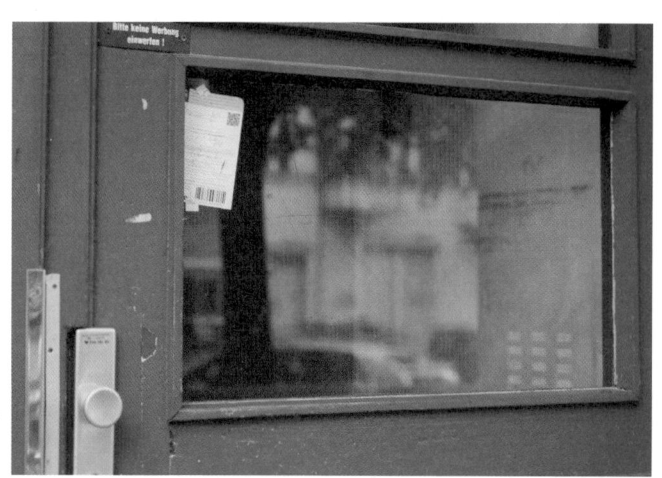

택배사의 부재 알림장이
아파트 공동 현관에 붙어 있을 때도 있어요.

참고로 택배 수거가 아니라 물건을 배송할 때 부재중이라면, 이웃집에 맡기든가 관할 장소에 보관해요. 일본처럼 날짜와 시간을 지정해 다시 배송해주는 시스템은 없어요.

택배원은 낮은 급여를 받고 일하니까 부재중이었다고 한들 어쩔 수 없다고 하는 사람도 있을 거예요. 하지만 피해를 받은 입장에서는 난감할 따름이죠.

결국 저는 이 일을 계기로 짐을 보낼 일이 있어도 택배 수거 서비스를 신청하지 않게 됐어요. 잔뜩 긴장한 채 종일 기다렸는데도 택배원이 오지 않는다면, 어떻게든 접수 창구까지 짐을 들고 가서 직접 붙이는 편이 정신 건강에 훨씬 좋다고 판단했기 때문이에요.

독일에는 '서비스 불모지'라는 말이 있어요. 말 그대로 만족스러운 서비스를 기대하기 힘들기 때문에 생긴 말인데, 즉 독일인들도 이런 상황에서 화가 난다는 걸 의미해요. 그런데도 전혀 개선의 조짐이 보이지 않는 이유는 일에 대한 사고방식이 달라서인 듯해요.

이런 경우를 셀 수 없이 경험하면서 언제부턴가 저도 애초에 기대를 안하게 됐어요. 어차피 원활하게 진행되지 않을 것이라 체념해버리니까, 일이 순조롭게 풀리면 그것만으로 만족스러워요.

'물건이 제대로 도착하다니!', '메일에 답이 오다니!', '예정대로 취재가 진행되다니!'……. 이런 식으로 일상적으로 감사의 마음이 솟구쳐요.

오랜 세월 버텨온 저희 집 가스보일러가 결국 수명을 다했을 때의 일이에요. 문의 결과 다행히 새로운 기종으로 바꿀 수 있다는 답변을 받았죠. 집주인과 기능공에게 공사 일정을 잡아달라고 독촉했어요. 가만히 있으면 이야기가 진전되지 않는 독일에 살다보니 재차 확인하는 습관이 생겼거든요.

"다음 주 월요일 일곱 시에 방문하겠습니다." 수화기 너머로 기능공이 답했어요. 이윽고 공사 당일. 약속대로 아침 일곱 시에 기능공이 집에 왔어요. 고장난 보일러를 떼어내고 벽에 구멍을 뚫어 배기구를 만든 뒤 새 보일러를 설치하는 대규모 공사였죠. 기능공은 그 공사를 일곱 시부터 오후 네 시까지 거의 쉬지 않고 이틀 연속으로 혼자 작업을 마쳤어요. 어마어마한 집중력과 업무량, 성실한 작업 태도

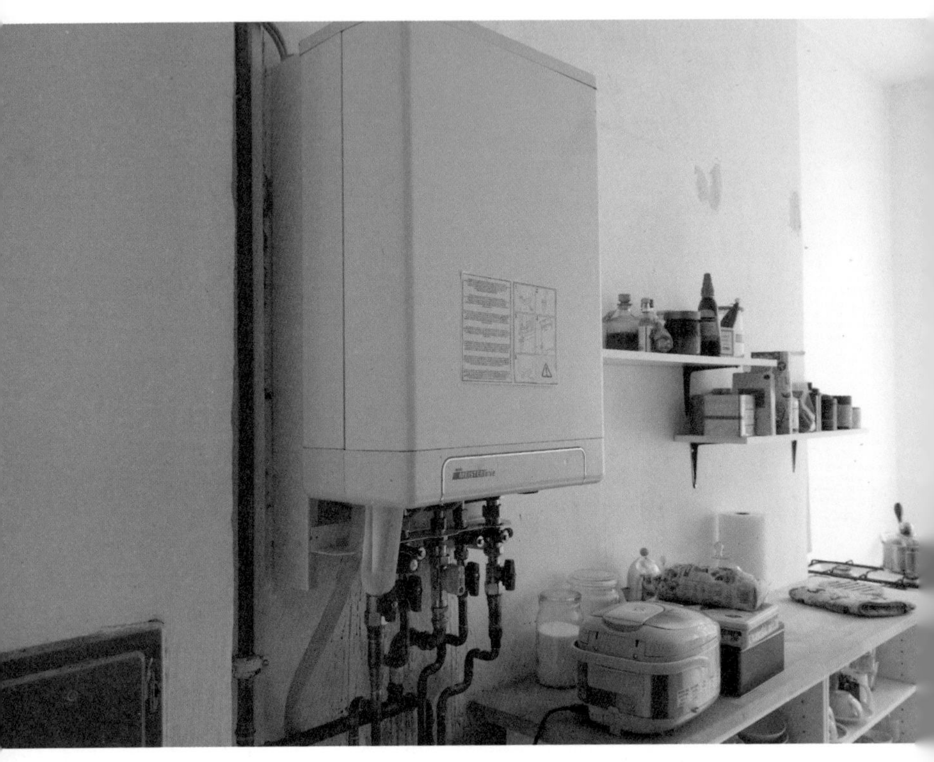

에너지 소비량이 적은 새 보일러.

에 만족한 저는 팁을 듬뿍 줬어요. 독일에 와서 상대방의 일을 존중하고 감사하는 마음이 커진 듯해요.

일본에서는 지극히 당연한 일일 뿐인데. 베를린에 사는 동안 감사의 기준이 확 내려간 거죠. 아예 기대를 하지 않으면 일상생활에서 분노나 스트레스가 줄어든다는 사실을, 실컷 화를 내고 난 다음에야 배우게 된 거예요.

서비스 받지 않고 서비스 하지 않는다

가끔 일본에 돌아갈 일이 생길 때면 어디를 가든 정성어린 서비스에 감탄하곤 합니다. 이런 깊은 배려는 독일에서는 절대 경험할 수 없는 수준의 것이에요. 하지만 만약 일본에서만 계속 살았다면 감탄할 일도 없었겠죠. 감사는커녕 예정대로 진행되지 않으면 짜증을 부리며 불만을 제기했을 거예요. 하지만 다행인지 불행인지 베를린의—아마도 독일의 다른 지역도 비슷하지 않을까 싶어요.— 서비스 수준에 익숙한 저는 늘 감사하게 여기고 있어요.

그럼 일본의 서비스 수준을 독일처럼 낮추면 모두 감사하며 살 것인가. 물론 그건 아니겠지요. 하지만 서비스의 폭을 좀 더 늘려서 생각하는 편이 좋지 않을까 싶어요.

예를 들어 우리는 숙박할 곳을 고를 때 고급 호텔, 비즈니스호텔, 펜션, 여관, 게스트하우스 등 몇 가지 카테고리 중 목적과 예산에 맞는 곳을 선택합니다. 게스트하우스를 골라놓고 고급호텔의 서비스를 요구하는 건 앞뒤가 맞지 않는 경우죠. 어떤 일이든 마찬가지죠. 가격에 따라 제공하는 내용과 수준이 달라지는 게 이치에 맞아요.

일본에서 서비스를 받을 때 과하다고 느낀 적이 꽤 많아요. 대부분의 점포가 크든 작든 '그렇게까지 안 해도 돼요.' 라고 말하고 싶을 정도로 과하게 친절하고 정성스럽게 서비스하죠. 어쩔 땐 이용하는 사람의 마음이 불편해질 정도예요. 그렇게 정성을 들인다면 요금을 더 청구해야 한다고 봐요. 하지만 서비스직군의 급여가 큰 폭으로 오르는 경우는 거의 없죠. 마땅한 보수를 받지 않으면서도 손님에게 얼굴을 붉히거나 목소리를 높이면 안 되고 그저 끝도 없이 친절해야한다고 생각하죠. 결국 일방적인 봉사를 강요하는 것과 무엇이 다를까요.

수준 높은 일을 제공하면 거기에 맞는 금액을 지불해야 일하는 사람도 정당한 보수를 받을 수 있습니다. 저임금으로 부당하게 과도한 노동을 시킨다는 뉴스를 일본이나 한국을 비롯한 여러 나라에서도 듣곤 해요. 제대로 일한들 아무도 고마워하지 않고, 클레임이 있을 때마다 질책을 받고, 임금마저 낮다면 과연 누가 행복해질 수 있을까요.

할 일이 끝나면 칼같이 퇴근합니다

독일인의 대응이나 서비스에 분개한 적은 있지만, 그렇다고 독일인이 근면하지 않은 건 아니에요. 업무 이야기를 주고받다보면 신속성과 정확성, 총명함에 감탄할 때도 자주 있어요.

독일인이 일하는 방식이 궁금했던 저는 독일 기업에서 일하는 독일인과 일본인을 여러 차례 인터뷰했어요. 인터뷰한 사람들은 업무도 직책도 다양했지만, 일정 시간 안에 성과를 낸다는 점은 동일했어요.

제가 일본의 출판사에서 일했을 때는 업무가 제때 끝나

(위) 회원제 공유 오피스의 회의실.
(아래) 무료 와이파이(Wi-Fi)가 제공되는 카페에서 일하는 사람이 많아요.

지 않아 늘 퇴근이 늦었어요. 그런데 기분 탓인지 몰라도 상사는 제가 늦은 시간까지 일하는 걸 좋아하는 것처럼 보였습니다. 그로부터 15여 년이 지났건만 일본에서는 아직도 장시간 노동에 대한 뉴스가 나와요. 성과보다 오래 일하는 것 자체를 알아주는 문화가 여전하다는 증거겠죠.

독일 사회에서 같은 상황이 벌어진다면 정반대의 평가가 내려져요. 성과가 안 나는데도 항상 야근을 하는 사람은 일정 시간 안에 일을 못 끝내는 무능한 사람으로 판단됩니다. 관리직에 있는 사람은 부하 직원이 야근을 많이 하면 본인 능력의 문제인지, 업무량이 지나치게 많은지, 업무 내용이 안 맞는지 등 원인을 따져본다고 해요.

반대로 일을 빨리 끝내는 걸 좋게 평가하며, 그런 사원은 급여를 올려준다고 한 경영자도 있어요. 사원에 따라 담당 업무가 정해져 있어서 자신의 업무가 끝나면 바로 퇴근하는 게 일반적이에요.

요약하자면 독일인은 모두 주어진 시간에 집중해서 일을 끝냅니다. 쓸데없다고 여기는 일은 최대한 피하기 때문에 중요도가 낮은 업무는 서로 맡지 않으려고 하는 경향도 있어요. 앞서 제가 기업에 보낸 메일에 답이 안 올 때도 있다고 했는데, 담당자가 업무 시간의 효율을 고려한 결과 답하지 않은 것이라 봅니다. 이렇게 일정 시간 내 업무량을 중시하면 그 영향을 받는 사람도 당연히 있을 거예요. 하지만 그런 기준으로 사회가 돌아가는 게 합리적이며, 다소 불편하더라도 전체적으로는 그렇게 하는 편이 좋다고 판단한 결과겠죠. 바꿔 말하면 어딘가에서 명확히 선을 긋지 않으면 일은 무한대로 늘어나기 마련이에요. 모든 사안에 100퍼센트 대응하려는 자세가 장시간 노동을 낳는다고 생각합니다.

독일의 노동법에는 1일 노동시간이 6시간 이상 9시간 이하인 경우, 점심시간은 최소 30분으로 정해져 있어요. 일본에서 일할 때 항상 점심시간을 1시간씩 보냈던 저는 이 말을 듣고 무척 놀랐어요. 실제로 독일 사람들은 집에서 싸온 샌드위치 등으로 재빨리 점심식사를 마치고 30분 만에 자리로 돌아가 업무를 계속하는 게 보통이에요. 근무시간 중에는 최소한으로 쉬고 그만큼 빨리 퇴근하고 싶다는 뜻이죠.

(위) 회원제 공유 오피스와 스타트업 기업이 입주한 시설.
(아래) 유료인 공동 작업 공간을 갖춘 카페도 있어요.

시간 안에 끝내기 위해 업무별로 완료 시간을 확실히 정하는 방법도 있어요. 제가 취재한 어느 기업에서는 담당자가 약속을 잡는 시점부터 "○시부터 ○시까지 시간을 내겠습니다."라고 했고, 예정대로 그 시간에 업무 미팅을 딱 끝냈어요. 언제 끝날지 아니까 저도 거기에 맞춰 준비할 수 있어요. 업무별로 적절한 시간을 예측하여 종료 시점을 정하면, 야근도 어느 정도 없앨 수 있겠죠. 길어지기 마련인 회의도 끝낼 시간을 사전에 정하고 그 시간을 지키도록 모두 유의하며 진행됩니다.

물론 아무도 야근을 안 하는 건 아니에요. 성수기 등의 이유로 어쩔 수 없이 야근을 해야만 할 때도 있습니다.

하지만 독일에는 '근로시간 계좌Working time accounts'라는 제도가 있어요. 근무시간 외에 추가로 일한 시간을 자신의 계좌에 예금하듯 모아두었다가 나중에 업무를 짧게 마치거나 휴가로 쓰는 방식이죠. 이 제도가 있으면 아무리 연속해서 야근을 하더라도, 일한 만큼 쉬거나 빨리 퇴근할 수 있게 됩니다. 일정 시기에 업무시간이 길어지거나 짧아지더라도 전체적으로는 균일해지는 셈이죠.

다만 근로시간과 일하는 방식은 업계나 직종, 직위에 따라 크게 달라요. 독일도 일본과 마찬가지로 관리직과 일반 사원의 근로 조건은 다를 때가 많습니다.

독일에서는 각자의 노력뿐 아니라 직장 단위로 쓸데없는 낭비를 줄여 일을 신속히 진행하는 시스템도 갖추고 있어요. 일본 기업을 고객으로 둔 한 독일인 남성은 "일본 회사의 담당자와 이야기를 해도 그 자리에서는 아무것도 확정되지 않아. 항상 상사의 판단을 기다리느라 시간이 낭비되지. 결재권이 없는 사람과 미팅해봤자 아무 의미가 없어."라고 늘 의아해해요.

상사 여러 명의 결재를 받지 않으면 이야기가 진행되지 않는 구조에서는 당연히 시간당 생산성이 떨어집니다. 독일인은 각자의 업무 영역과 그 안에서 내리는 판단 영역을 명확히 해요. 이렇게 생산성을 높이는 시스템을 마련하고 각자의 자리에서 집중적으로 일한다는 점에서 독일은 근면하기 좋은 환경이라고 할 수 있겠죠.

왜, 어떻게, 얼만큼 일하고 있나요?

독일에서의 삶에 익숙해지면서 제가 일본 출판사에 근무했을 때를 되돌아보았어요. 당시 제가 하던 편집 업무는 세세한 작업의 연속이었어요. 이메일, 전화, 회의를 반복해도 할 일이 줄기는커녕 오히려 새끼를 치고 늘어나는 것 같았죠. 해도 해도 끝이 없는 '일의 미로'에 빠진 것 같았어요. 하지만 지금은 확실히 압니다. 그때 저는 '무엇을 위해 이 일을 하는가'라는 행위의 목적을 전혀 생각하지 않았다는 것을.

모든 행위에는 목적이 있죠. 회사 업무라면 성과를 내거나 그러기 위한 환경을 만드는 게 목적입니다. 제가 일본에서 편집자로 일할 때의 업무 목적은 좋은 책을 출판해서 한 명이라도 많은 독자에게 새로운 사고방식이나 세계를 전하고 즐거운 순간을 맛보게 하는 것이었어요. 하지만 일하는 사이 그만 목적 자체를 잊어버린 거예요.

가령 멋진 표지를 만들거나 보고서의 디자인에 매달리는 건 목적을 달성하기 위한 수단이지 최종 목적은 아니에요. 작업 자체가 목적이 되어버리면 시간이 아무리 흘러도 원래의 목적에 다다를 수 없어요. 당시의 제게는 그런 의식이 없어서 중요하지 않은 일에 지나치게 많은 시간을 소모했다는 걸 깨달았어요.

근무시간 안에 일을 끝내려면 무엇에 얼마만큼의 시간을 할애할지 생각해야 합니다. 왜냐하면 시간은 비용이기 때문이죠. 시간을 들이면 들일수록 그 비용은 상품에 반영됩니다. 취미라면 몰라도 일로 하는 이상, 상품에 무한대의 시간을 투입하면 생산비 자체를 논할 수 없어요.

"우리 회사는 야근 수당을 안 줘……." 하고 아쉬워하는 말을 자주 들어요. 실은 저도 그랬어요. 보통의 출판사들은 야근 수당이 없거든요. 그럼에도 불구하고 편집자로서 좋은 책을 만들고 싶다는 생각에 시간 비용을 고려하지 않고 필요 이상으로 제 시간과 체력을 써가며 일했죠. 그래서 매사에 필요 이상으로 시간을 들였던 거예요.

그 결과가 어땠을까요. 항상 짜증이 났고 스트레스뿐인 나날이 계속됐어요. 무엇을 위해 사는지 알 수 없어졌어요. 만약 그만두지 않고 참으며 일을 계속했다면 전 정말 깊게 병들어버렸을지도 몰라요. 아무리 좋아하는 일이어도 그런 식으로 하면 언젠가 몸도 마음도 망가져버립니다. 그런 상태로는 좋은 일을 하기 어려운 법이니까요.

따라서 일정 시간 안에 일을 마치려는 자세가 매우 중요해요. 일과 개인생활에 균형을 이루는 워라밸은 인간답게 살기 위한 기본 중의 기본이라고 저는 믿습니다.

가장 중요한 일,
그 다음 중요한 일

모든 일에는 우선순위가 있습니다. 회사 업무도, 집안일도, 육아도 결국은 다른 영역의 행위입니다. 어떤 일을 하고자 할 때는 무엇을 위해 하는지에 대한 본래 목적과, 다른 행위의 목적을 비교하여 어디에 더 많은 시간을 들일지, 무엇을 먼저 해야 할지 순위를 정해야 하죠. 꼭 내가 모든 것을 다 해야 할 필요는 없어요. 누군가에게 맡기거나, 돈을 내고 의뢰하거나, 아예 안 하는 선택지도 있으니까요.

우선순위를 정하기 위해 필요한 건 흔들리지 않는 기준

이에요. 그 기준은 회사에 따라, 일의 목적에 따라 달라요. 나와 관련된 일이라면 나 자신과 가족의 가치관 혹은 환경에 의해 달라져요. 이렇게 우선순위를 판가름하는 기준을 세운다는 건 크게 봤을 때 나의 인생을 스스로 만들어간다는 의미예요. 일에서도 개인 생활에서도 내 나름의 기준을 갖지 않으면 그때그때 상황에 휩쓸리고 맙니다. 그러면 스트레스가 쌓이고 늘 남 탓만 하게 되죠.

반대로 내 안에 기준을 정하면 다양한 일에 바로바로 결단을 내릴 수 있어요. 내가 한 행동에 대해 스스로 납득할 수 있어서 후회를 남기지 않죠. 자연스럽게 스트레스는 줄어들고 마음은 편안해집니다.

하지만 기준을 정하는 건 쉽지 않은 일이에요. 어떻게 기준을 정해야 할지 모르겠다면, 먼저 하루의 행동을 기록해보세요. 자신이 한 행동을 글로 쓰고 무엇을 위해 그 행동을 했는지 생각해보세요. 이 연습을 한동안 계속하다 보면, 내가 하루 동안 시간을 들여서 한 일 중에 성과로 연결되는 행동과 그렇지 않은 행동을 파악할 수 있게 됩니다. 성과와 직접 관련 없는 일이 반복되고 있다면, 그 부분을 줄일 방법을 찾아야겠지요.

이런 방법은 회사 업무뿐 아니라 집안일이나 육아에 대해서도 동일하게 적용할 수 있습니다. 그러면 내게 있어 중요한 것이 무엇인지 보이기 시작할 거예요. 그것이 당신의 기준입니다. 나의 일상을 기록한다는 건 머릿속을 정리하는 것. 하루의 행동을 나열하는 것만으로도 나를 객관적으로 바라보고 긍정적인 변화를 불러올 수 있습니다.

일에 쫓기지 않고 쪼이지 않도록

정해진 시간 안에 큰 성과를 올리도록 요구받으면, 일하는 입장에서는 상당한 스트레스를 받기 마련이죠. 시간 대비 효율을 지나치게 추구하면 업무의 질은 자연스레 떨어집니다. 그 경계를 정하기가 참 어려워요.

스트레스는 마음의 병을 불러옵니다. 독일의 건강보험 회사 BKK의 회원 천백만여 명을 대상으로 한 조사에서는 2016년에 병으로 결근한 원인 중 16.3퍼센트가 정신 질환이었고 그 비율은 2012년부터 해마다 상승했어요. 참고로 결근일수 중 가장 많은 원인은 뼈나 근육 관련 질환으로 전체의 25.2퍼센트였습니다. 정신 질환은 그 다음으로 많았어요.

이 조사에서는 정신 질환의 원인이 명확치 않고 감기와 달리 며칠만 결근한 뒤 바로 복귀하기 어렵기 때문에, 전체 비율 중 정신 질환을 앓는 환자 수가 많은지 여부는 판단할 수 없어요. 하지만 번아웃 증후군Burnout syndrome이나 우울증은 종종 들리는 이야기며 결코 드문 경우가 아니죠.

장시간 노동에 시달리는 것도 물론 스트레스지만, 독일에서는 짧은 시간 내에 좋은 성과를 내야 한다는 압박으로 인한 또 다른 형태의 스트레스가 존재해요. 완벽한 장소는 어디에도 없어요. 그러기에 더더욱 자기 나름의 기준을 갖는 게 중요합니다.

저는 원래 뭔가를 잘 끝맺지 못해서 업무가 종종 늘어지곤 했어요. 요즘은 일과 여가의 균형을 고려하여 업무마다 소요 시간을 정하는데, 지나치게 엄격하게 정해놓으면 괴로워진다는 걸 느꼈어요. 그래서 어떤 업무가 예상 시간을 다소 초과했어도 하루의 전체적인 업무 시간 안에서 조절하도록 신경을 씁니다.

독일 저녁 사무실은 텅 비어 있다

독일의 노동 방식 중에서 참 부럽다고 느끼는 것 중 하나는 근무 형태를 폭넓게 선택할 수 있다는 거예요. 대표적인 예로 단축 근무가 있어요. 정사원이라는 고용 형태를 유지하면서 업무 시간을 줄여서 일하는 경우를 자주 봅니다.

미취학 자녀를 키우는 한 여성은 출산 전까지 풀타임으로 근무하다가, 출산 후 주 20시간 근무로 계약을 바꿨어요. 하지만 정사원 신분은 그대로예요. 이러면 경력이 단절될 우려가 없고, 회사로서도 경험 있는 직원이 그대로 남는다는 이점이 있어요.

또 다른 여성도 정사원인데 애초에 주 30시간 근무를 조건으로 입사했어요. 그 여성은 월요일에만 오후에 출근하고 주 5일을 일해요. 주 30시간 근무를 하는 다른 사원들은 일주일에 나흘 출근하며 하루에 7~8시간 일한다고 해요. 그 여성은 "주 30시간 정도가 나한테는 딱 좋아. 그만큼 월급은 적지만 내 취미나 공부에 시간을 쓸 수 있고, 정사

단축 근무, 플렉스 타임제 등 일하는 방식을 다양하게 선택할 수 있어요.

원이니까 신분도 안정적이고. 이렇게 일하는 게 나한테 맞아."라고 했어요.

단축 근무는 직종이나 직위에 따라 불가능한 경우도 있지만, 회사와 합의할 수 있으면 아무 문제없어요. 주로 육아중이거나 여유롭게 일하고 싶은 사람이 단축 근무 계약을 맺어요. 제가 알기로는 주로 여성이 많이 신청하는 편인데, 독일에서도 여성이 남성보다 집안일이나 육아에 드는

평일에 아이와 노는 아빠의 모습도 종종 보여요.

시간이 많기 때문인 듯해요. 하지만 남성이 육아를 위해 단축 근무를 선택해도 어색하지 않으며 실제로 그렇게 하는 사람이 꽤 있어요.

또한 독일에는 출퇴근 시간에 어느 정도 자유를 부여하는 '플렉스 타임Flex-time' 제도가 정착되어 있어요. 독일의 많은 기업이 플렉스 타임제이어서, 핵심 근무 시간인 '코어 시간'에만 사무실에 있으면 출퇴근 시간을 각자 자유롭게 조절할 수 있죠. 독일의 한 구인 사이트가 2016년에 실시한 통계에 의하면 60퍼센트에 가까운 기업이 유연한 근무 스타일을 도입 중이에요. 구체적으로는 플렉스 타임제, 재택근무 등인데, 응답자의 70퍼센트 이상이 유연한 근무 형태가 '중요' 또는 '매우 중요'하다고 답했어요.

플렉스 타임제의 코어 시간은 보통 오전 아홉 시부터 오후 세 시까지예요. 일본에서는 보통 아홉 시에 근무를 시작하죠. 제가 이제까지 일한 여러 출판사는 열 시에 일을 시작했어요. 독일인은 일찍 퇴근하고 싶어 하는 사람이 많아서, 아침 일곱 시나 여덟 시에 출근해 오후 세 시나 네 시에는 퇴근하는 경우가 흔해요. 그래야 귀가한 뒤에 쓸 수 있는 시간이 많아져서 하루를 효율적으로 보낼 수 있다고 생각하죠. "독일의 사무실에는 저녁에 아무도 없다."라는 말을 종종 듣곤 해요. 근무 시간을 비교적 자유롭게 조절할 수 있는 덕분이겠죠. 기업이나 직종에 따라서는 일정한 일수를 재택근무로 돌리는 것도 가능해요. 통근 시간이 절약되니 그만큼 다른 일에 시간을 쓸 수 있고, 자녀가 어린 가정에서는 어린이집이나 학교에 데려다주거나 데려오기도 편하죠. 출퇴근 러시아워가 독일에 비할 바가 아닌 일본의 대도시에서는 재택근무의 의미도 보다 크지 않을까 싶어요.

Gault&Millau
WeinGuide
Deutschland
2012
geöffnet

ammen
othek
&
eption

어디에서 일하든 나만의 기준이 있다면

인생에 있어 일이 어떤 의미를 갖는지는 사람마다 다르죠. 독일에서도 출세를 목표로 회사 중심의 인생을 보내는 사람이 있는가 하면, 일이나 돈은 적당히 있으면 충분하고 내 시간이 더 소중하다는 사람도 있습니다.

2017년 5월 독일노동조합연맹과 한스-뵈클러Hans-Bockler 재단이 독일과 세계의 노동 상황을 정리한 〈노동 아틀라스〉라는 보고서를 보면, 독일의 회사원 중에는 언제, 몇 시간 일할지 스스로 정하길 원하는 사람이 늘고 있다고 해요.

또한 리서치 회사 달리아Dalia가 2016년에 유럽 28개국에서 실시한 조사에 따르면, 커리어나 돈보다 자유로운 시간이 중요하다고 답한 독일인의 비율이 영국, 프랑스, 이탈리아, 스페인, 포르투갈에 비해 많다는 결과가 나왔어요. 저도 취재하면서 같은 느낌을 받았어요.

무엇이 좋냐 나쁘냐는 이야기가 아니라, 사람마다 라이프스타일이 다르다는 것뿐이에요. 독일처럼 일하는 방식을 다양하게 선택할 수 있으면, 내가 원하는 삶의 방식에 더 쉽게 다가갈 수 있겠죠.

그럼 독일에서 살지 않으면 바라는 대로 살 수 없을까요. 그렇지는 않다고 봅니다. 사회의 시스템이나 일하는 방식을 혼자 힘으로 바꾸는 건 불가능할지도 몰라요. 하지만 내 사고방식은 얼마든지 바꿀 수 있죠.

우선은 자신만의 기준을 만드는 거예요. 반복해서 말하지만 하루의 행동을 기록해보세요. 그리고 내가 무엇을 위해 그 행동을 했는지를 생각해보세요. 이런 기록을 근거로 내게 무엇이 중요한지, 무엇을 하고 싶은지를 생각합니다. 특별히 하고 싶은 일이 없어도 괜찮아요. 그럴 때는 싫지 않은 일을 꼽아봅니다. 그러면 점점 보이기 시작할 거예요. 나는 어떻게 살고 싶은지, 일은 내게 어떤 의미를 갖는지, 무엇에 시간을 들이고 싶은지……. 그러다가 일하는 방식이나 시간을 보내는 방식에 변화를 주고 싶어지면 그 방법을 궁리하는 거죠. 이렇게 한 걸음 한 걸음 나아가다보면 내게 바람직한 방향으로 향하게 돼요.

내 안에 기준이 만들어지면 상대에게는 상대의 기준이 있다는 걸 이해합니다. 그러면 내 가치관을 강요하거나 내가 기대한 대로 상대가 움직여주길 바라지 않아요. 특히 회사는 일하는 곳이며, 업무를 원활하게 진행하는 게 목적입니다. 일방적인 가치관을 강요하면 주위와 원만히 일할 수 없겠죠. 의견이 대립할 때도 상대의 가치관을 부정하지 않고, 어디까지나 일의 목적에 대해 발언하도록 유념합니다.

기준을 만들기 위해서는 내가 살지 않는 다른 나라의 상황은 어떤지 미지의 세계를 아는 것이 도움이 돼요. 지금까지 무의식적으로 믿어온 상식에서 벗어나면 시야가 넓어지기 때문이죠. 사실 독일인의 삶의 방식을 이해하는 의미도 여기에 있다고 봅니다.

독일의 가정을 보면 어릴 때부터 자녀에게 자신의 생각

을 하나하나 말하게 해요. 그런 훈련을 받기 때문에 독일인은 어떤 사안에든 명확한 의견을 갖고 있어요. 원래 독일 사람들은 토론을 좋아합니다. 잠깐 나누는 대화가 곧잘 맹렬한 토론으로 발전하곤 해요. 외국인의 눈에는 마치 싸우는 것처럼 비치지만, 다투는 게 아니라 서로 의견을 교환하는 거예요. 상대에 대한 공격이 아니기에 토론이 끝나면 다시 웃는 얼굴로 잡담을 나눕니다.

그에 비해 우리는 어떤가요? 내가 원하는 것이나 생각을 표현할 기회가 적다고 생각하지 않나요? 자기 생각을 비추면 오히려 '제멋대로다.'라고 여겨지는 경우도 많지요. 그런 분위기 탓에 어렸을 때부터 주위 어른이 이래라 저래라 하는 말만 듣다가 자기가 진정으로 무얼 하고 싶은지 모르는 채 나이 먹는 사람도 꽤 많을 거예요.

하지만 생각해보세요. 당신의 인생은 당신의 것. 스스로의 기준을 가지고 생각하여 판단하면 내가 만든 결과를 충분히 수긍할 수 있어요. 그렇게 하면 어디서 어떻게 살아도 내 인생의 여정을 차분히 밟아갈 수 있습니다.

독일의 수도 베를린은 녹음이 많다.
따뜻한 계절에는 공원의 잔디밭에서
느긋하게 이야기를 나누기에도 그만.

봄에 피는 라일락꽃.
퉁명스러운 독일도
상냥해지는 계절.

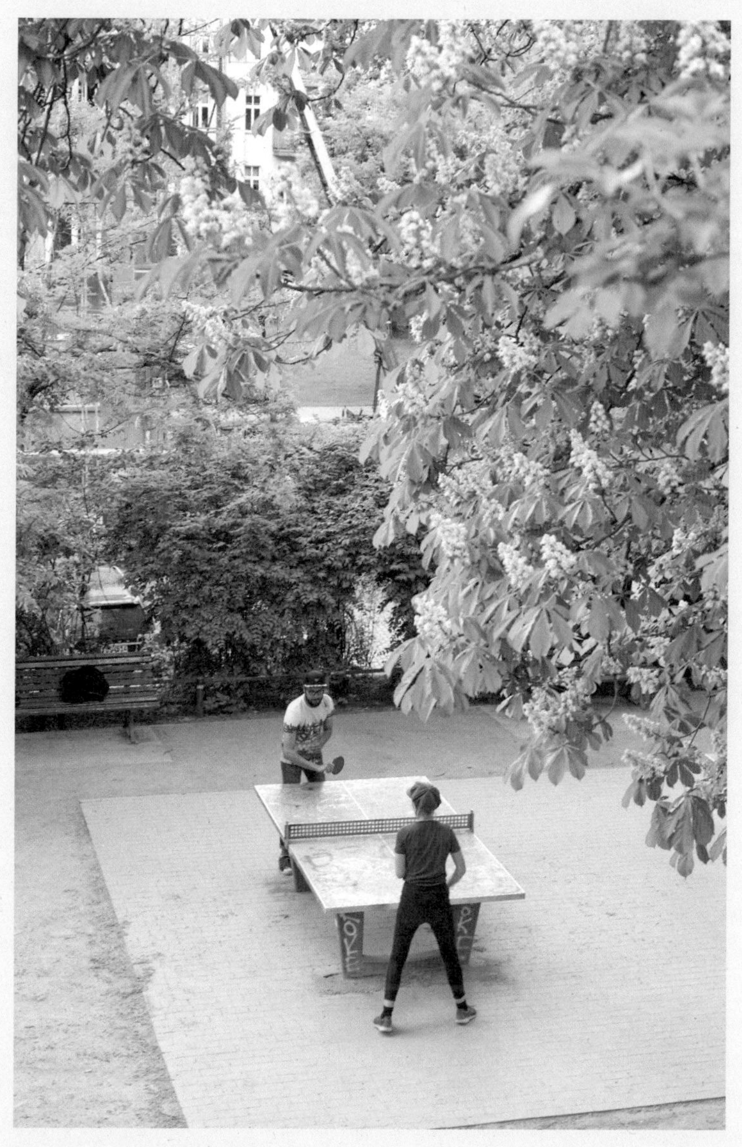

독일인은 왜 탁구를 좋아할까?

개인 소유의 라켓을 들고 공원에 있는 탁구대에 모여드는 모습.

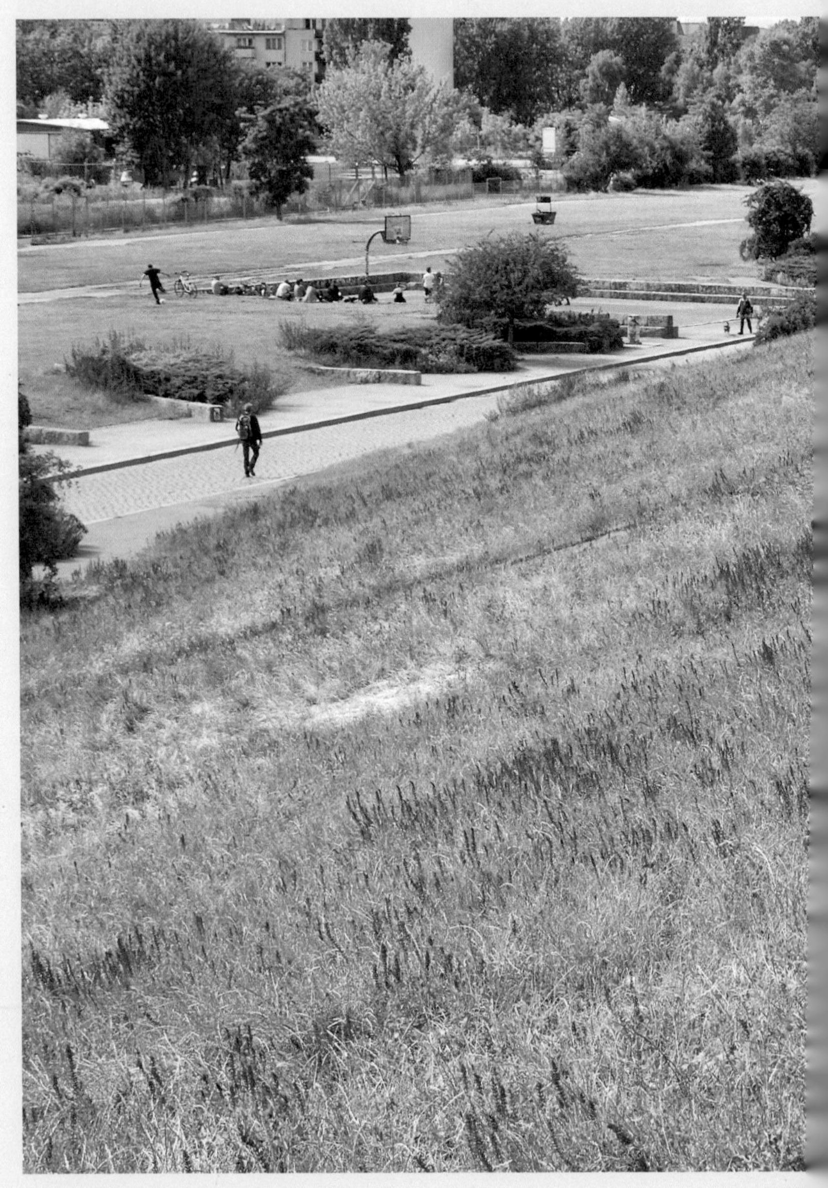

여기저기 큰 공원이 많아 잔디밭에 앉아있기만 해도 기분전환 완료.

der Urla

Kapitel 2

일 모드와 쉼 모드 전환 속도 높이기

독일인이 회사에서 최대한 집중해 빨리 일을 마치는 이유는 단순해요. 집에 빨리 돌아가고 싶기 때문이죠. 회사를 벗어나 가족과 함께하는 시간이나 자유로운 개인 시간을 소중히 여겨요. 독일인이 업무 모드와 휴식 모드를 칼같이 전환하는 데는 '일은 일'라고 생각하는 냉정한 사고방식도 한몫을 하는 것 같아요.

그래서 독일인은 퇴근 후 상사나 동료와 한잔하는 걸 내키지 않아 해요. '왜 일이 끝난 뒤에도 회사 사람과 있어야 하지. 그것도 업무인가?' 하고 생각하죠. 일본에서는 퇴근

후 동료와 함께 술을 마시며 친목을 도모한다고 말해줘도 이해하기 어려운 모양이에요.

일본 기업을 고객으로 둔 독일 남성은 "일본에서는 출퇴근 시간이 더 오래 걸려서 힘들 텐데, 왜 끝난 후에 술을 마시러 가서 집에 늦게 들어가는지 모르겠어. 나 같으면 빨리 퇴근해서 나를 위해 시간을 쓸 텐데."라고 말하더군요. 독일에서는 이런 사고방식이 일반적이에요. 가족, 특히 아이가 있는지 여부가 빠른 귀가를 원하느냐 아니냐의 기준이 되지요.

그렇긴 해도 일을 마친 뒤 동료와 차를 마시거나 영화관에 가는 경우가 없지는 않아요. 입사한 지 얼마 안 된 한 여성은 "동료가 차 한잔하자고 해서 사내 정보를 들으러 갔어요."라고 하더군요. 또한 젊은 스태프끼리 의기투합한 신생 벤처 기업 같은 곳은 사내 커뮤니케이션이 끈끈한 경우도 있다고 들었어요.

이렇듯 독일인은 일상에 강약을 두는 게 특징이에요. 일과 개인생활의 균형이 잘 유지되는 비결이 바로 여기에 있죠. 일할 때는 집중하여 일하고 쉴 때는 확실히 쉬죠. 독일인은 이런 온-오프 전환에 능숙한 편입니다. "집중적으로 일하니까 휴식이 필요하고, 휴식이 있으니까 일할 수 있어요.", "주말에는 업무에 전혀 손을 안 대요."라는 말을 자주 들어요. 충분히 쉬고 재충전을 하는 게 일하는 데 있어 매우 중요하다고 생각하니까요.

1년의 시작은 휴가 계획부터

휴가는 독일인에게 최고의 즐거움일 거예요. 독일인은 휴가를 떠나기 위해 일하는 게 아닐까 싶을 정도로 휴가 이야기 하는 것을 무척 좋아해요. 휴가에서 돌아온 직후에 "내년엔 ○○ 해변에 갈 거야."라며 다음 휴가의 행선지를 미리 통보할 정도죠. 거리를 걷다 보면 곳곳에 여행 광고나 저가 항공 광고가 눈에 띄어요. 광고에 나온 가격이 무척 매력적이어서 마음이 절로 동하곤 해요.

독일에는 연방휴가법Bundesurlaubsgesetz이라는 법률이 있어서 연간 유급 휴가가 최소 24일로 정해져 있어요. 24일은 어디까지나 최소 일수고, 대개는 30일의 유급 휴가가 주어집니다. 여기에는 일요일과 공휴일은 포함되지 않아요.

독일인은 30여 일의 유급 휴가를 특별한 사정이 없는 한 거의 다 써요. 몸이 아픈 경우에는 의사의 진단서를 제출하면 병가를 낼 수 있고, 병가는 유급 휴가와는 별도로 취급돼요. 가입되어 있는 건강보험회사가 병으로 쉰 부분을 보장해주므로 월급도 깎이지 않아요. 유급 휴가는 병가와는 다르며 어디까지나 재충전을 위한 순수한 '노는 날'로 여깁니다.

유급 휴가가 연간 30일이면 휴가를 1년에 몇 주씩, 그것도 여러 차례 쓸 수 있어요. 예를 들어 7월에 주말을 포함하여 3주 연속으로 쉬고, 그 외에 별도로 일주일씩 휴가를 두 번 더 다녀올 수 있죠. 그래서 직원끼리 휴가가 겹치지 않도록 연초에 각자의 휴가 스케줄을 조정해요. 연초에 정해두면 계획을 미리 짤 수 있고, 예약을 일찍 할 수 있으니까 요금이 훨씬 저렴하죠. 쉬기 위해서는 우선 휴가 일정을 정하는 게 급선무라는 걸 실감해요.

프리랜서인 저의 경우는 직장인과는 조금 사정이 다르

(위) 버스정류장에 붙어있는 저가 항공 광고. 최저 5만 원 정도면 탈 수 있어요.
(아래) 곳곳에 여행사 대리점이 있어요.

죠. 일이 언제 생길지 알 수 없어서 휴가를 놓치기 일쑤예요. 하지만 쉬지 않고 일하면 좋지 않다는 사실은 경험으로 알고 있죠. 그래서 저는 며칠이라도 짬이 날 것 같으면 지체 없이 단기 여행을 떠납니다.

이런 사람들을 위한 시스템이 '반카드BahnCard' 같은 독일의 철도 요금 할인 제도입니다. 연회비를 내면 정상가의 25~50퍼센트 금액으로 열차를 탈 수 있어요. 일찍 예매하여 싸게 구입하는 조기 할인과 조합하면 더 쏠쏠한 가격으로 구매할 수 있죠.

열차표 구입도 좌석 지정도 인터넷으로 하고, 티켓은 인쇄하거나 스마트폰에 다운로드하면 끝입니다. 제가 자주 방문하는 곳은 독일 북부 해안이나 중세의 모습이 남아있는 도시 슈트랄준트Stralsund예요. 베를린에서는 볼 수 없는 풍경을 접하며 독일의 폭넓은 매력을 맛봅니다. 그 경험이 저를 다시 좋은 일로 이끌어 주리라 믿으며 시간이 나면 지체 없이 여행길에 오릅니다.

독일인이 여행을 좋아해서인지 유럽 각국을 여행하다 보면 반드시 독일 사람을 만날 수 있습니다. 그 배경에는 장기 휴가를 쓸 수 있다는 점 외에도 저가 항공 노선이 유럽 전역에 걸쳐 있다는 점, 그리고 한 곳에 장기 투숙하는 저렴한 여행 상품이 많다는 점도 꼽을 수 있어요. 가령 '마요르카섬 14일간, 1인 700유로(93만 원)부터. 왕복 항공권에 고급 호텔 숙박, 조·석식 포함' 같은 상품이에요. 반대로 저렴한 패키지여행 중에 단기로 며칠 동안 가는 상품은 찾기 어려워요. 장기 휴가를 위한 인프라가 잘 갖춰져 있다는 걸 느낍니다.

장기 휴가를 가려면 비용도 신경이 쓰이죠. 부부 둘이면 몰라도 아이까지 함께 가족여행을 하려면 그만큼 경비가 늘어납니다. 독일인 다섯 명 중 한 명은 휴가 비용을 마련하지 못한다는 뉴스도 보도된 적이 있어요.

하지만 앞서 말한 저렴한 장기 투숙 패키지여행도 있고, 유스호스텔이나 캠핑 등 저렴하게 길게 여행하는 다양한 방법이 있어요. 캠핑카나 자전거로 각지를 도는 여행도 인기예요. 독일인은 휴가를 중시하기 때문에 일상생활에서는 절약하고 그만큼 휴가를 보내는 데 돈을 들이는 경향도 있어요.

발트 해 연안에 있는 중세 한자 동맹에 속했던 도시
슈트랄준트Stralsund는 독일에서도, 제가 정말 좋아하는 도시예요.

일본인은 여행지에서 명물 요리를 먹거나 쇼핑하는 걸 중요하게 생각합니다. 하지만 독일인은 느긋하게 푹 쉬기만 하거나 사이클링 혹은 하이킹 같은 야외 활동을 중시해요. 여행지에서 일반적인 소비를 별로 하지 않는다는 부분에서 여행 경비에 대한 감각이 다른 거죠.

내가 쉰 만큼 남도 쉬는 동등한 쉼표

회사를 다니면서 쉬고 싶을 때 쉬지 못하는 건 분위기나 시선 탓도 있지만, 동료나 거래처 사람들의 눈치가 보이기 때문인 이유도 크지 않을까 생각해요. 남들이 일할 때 나만 쉬면 안 된다고 느끼는 사람이 결코 적지는 않겠죠.

독일에서는 장기 휴가나 단축 근무가 일상적이어서 휴가를 가는 데 죄책감을 느끼지 않아요. 휴가는 일하는 사람의 권리고, 회사 역시 직원들이 휴가를 쓰도록 해야 돼요. 회사 이메일 주소로 연락하면 '○월 ○일까지 자리에 없으니 그 이후에 다시 연락해주세요.'라는 메일이 자동 전송될 때도 많아요. 급한 일이라면 해당 부서에 연락을 취하면 됩니다.

고객이나 거래처가 휴가에 대해 뭐라 하지 않는 건 누구든 쉴 땐 쉬는 게 당연하다는 의식이 정착되어 있기 때문이에요. 나도 쉬고 싶으니 상대의 휴가도 기꺼이 받아들입니다. '마찬가지 문화'라고 할 수 있겠죠.

종종 일본에서 온 이메일에 '휴가 중입니다. 불편을 끼쳐서 죄송합니다.'라는 문구가 쓰여 있는데, 저는 독일 생활에 익숙해져서인지 나의 휴가는 전혀 사과할 일이 아니라고 생각해요. 이렇게 사죄의 말을 함부로 쓰면 서로 움츠러들 뿐이고, 정작 진심으로 사과하고 싶을 때 쓸 수 있는 말이 없어지거든요. 클레임을 예방하는 차원에서 습관적으로 사죄의 말을 하는 건 사회를 갑갑하게 만들 뿐입니다.

독일에서 장기 휴가 때문에 일에 지장이 생기는가에 대해서는 그렇다고도, 아니라고도 할 수 있어요. 일본 회사에서는 담당자만 답할 수 있는 일이 많은 편인데, 독일에서는 담당자 외의 사람도 알 수 있게 서류를 정리하거나 업무

관리 시스템으로 정보를 공유하는 걸 중요시해요. 그렇게 해서 교대로 쉴 수 있는 체재를 갖춰놓는 거죠.

물론 실제로는 장기 휴가에 따른 불편을 느낄 때도 꽤 있어요. 하지만 독일에 살아보니 대부분의 일은 담당자가 자리에 없을 때도 어떻게든 처리된다는 사실을 알았어요. 휴가 때문에 뭔가 기한이 늘어나거나 할 때, 상황을 제대로 설명만 하면 의외로 유연하게 굴러가요. 이런 경험을 거듭하면서 누군가 쉬더라도 사회는 돌아간다는 걸 실감하게 돼죠.

다소 불편해도 서로 휴가를 제대로 쓸 수 있어서 재충전할 수 있는 사회, 매우 편리하지만 일하는 사람이 서로 힘든 사회. 과연 어느 쪽이 살기 좋을까요.

독일에 살고 있어서 보이는 점인데, 일본은 서비스나 인프라의 평균치가 높고 그 때문에 주위에 대한 무의식적인 기대치도 상당히 높아요. 하지만 사람은 모두 서비스를 받는 입장인 동시에 서비스를 하는 입장이기도 해요. '분명 이러저러하게 해줄 거야', '보통은 이렇게 해줄 텐데'라는 타인에 대한 기대치를 버리고, 무슨 일이 생겼을 때 '서로 마찬가지'라고 생각하면 그만큼 쓸데없는 스트레스가 사라지고 마음이 가벼워집니다. 이렇게 하면 다른 누구가 아닌 나 자신이 편안해집니다.

독일인의 주말 사용법

장기 휴가 때 여행을 떠나는 독일인은 일주일에 한 번씩 돌아오는 주말에는 어떻게 시간을 보낼까요. 대부분은 소중한 사람들과 지내는 시간을 우선시합니다. 가족이나 친구들과 함께 보내는 거죠.

휴일에도 앞서 말한 '행동의 우선순위와 기준'을 바탕으로 움직여요. 저는 종종 독일인에게 인생에서 무엇이 소중한지 묻는데, 남녀 불문하고 대부분이 가족과 건강이라고 답해요. 아마 이 대답은 일본에서 물어도 마찬가지일 거예요. 하지만 독일인은 생각한 그대로 행동에 옮긴다고 할까요, 자신의 가치관에 따라 행동합니다. 가족이 소중하면 휴일은 가족과 함께 보내죠. 행동에 이르는 과정이 상당히 명확해요.

일본어에 '가족 서비스家族サービス'라는 말이 있는데, 직장인이 휴일에 가족과 시간을 보내는 것을 말합니다. 저는 이 말이 참 불편합니다. 휴일에 의무적으로 가족에게 시간을 쓰는 것을 '서비스' 한다고 말하는 이유는 무엇일까요? 어쩔 수 없이 가족과 함께하는 듯한 느낌을 지울 수 없습니다. 가족이 소중하다면 함께하길 바라는 것이 당연하겠죠. 서비스라는 단어는 결코 어울리지 않는다고 생각합니다.

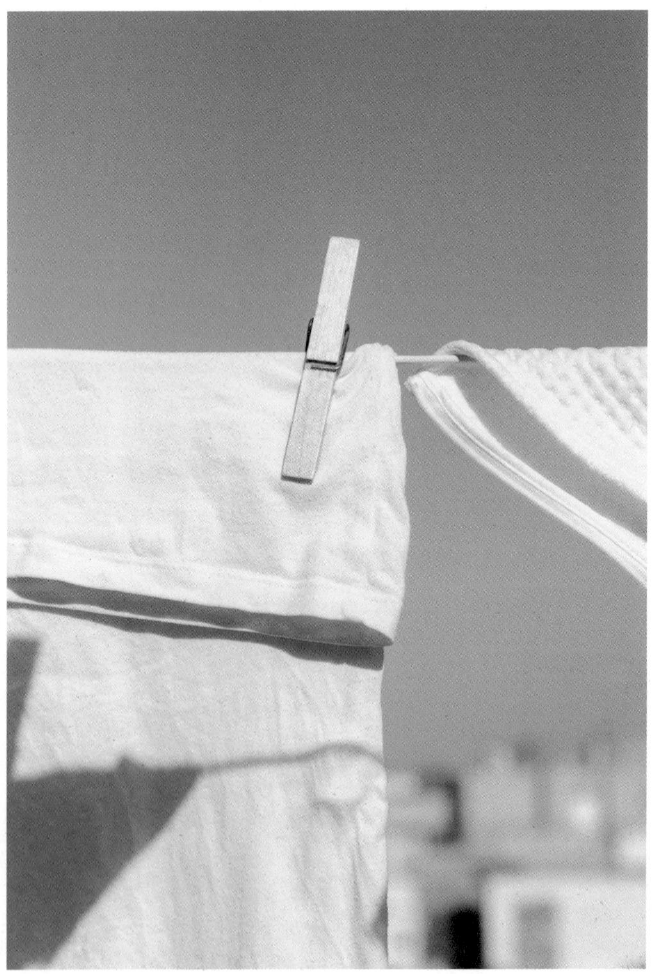

집안일은 함께 하거나 함께 안 하거나

독일에서는 토요일 오전에 가족이 다함께 집 청소를 한다는 이야기를 자주 들어요. 독일인은 친구를 집에 자주 초대하기 때문에 자기 집을 남에게 보여줄 때가 많아요. 그래서 완벽하게 반짝반짝 꾸미지는 않더라도 평소에 어느 정도 정리정돈을 합니다. 그리고 평일에 못다한 청소를 토요일에 모아서 해요. 이른바 작은 '대청소의 날'인 셈이죠.

이때 엄마 혼자서 청소를 하지는 않아요. 보통 가족 모두 분담하고 아이도 물론 함께합니다. 가령 네다섯 살 정도의 아이에게도 청소를 가르쳐요. 아이는 언젠가 독립해 혼자 청소하고 살 날이 온다고 여기기 때문이죠. 집안일을 포함해 자기 일은 알아서 할 수 있게 키웁니다. 그래서 청소는 집안일이기도 하면서 교육의 시간이며, 가족이 단란하게 보내는 놀이 시간이기도 해요.

하지만 청소가 가족 싸움의 원인이 되면 곤란하겠죠. 실은 독일에서는 갈등을 피하기 위해 청소 대행 서비스를 이용하는 사람도 많은 편이에요. 청소하기를 좋아하지 않는 사람은 "싫어하는 일을 함께하다가 기분이 나빠지면 무슨 소용이에요. 그럴 바에는 프로에게 돈 주고 맡겨서 그 시간을 다른 데 쓰는 편이 나아요."라고 말합니다. 합리적인 사고방식이라고 봐요. 그밖에도 제대로 청소할 시간이 없을 정도로 바빠서 청소 대행 서비스를 이용하는 사람도 있어요. 하지만 서비스에만 의존하는 게 아니라 일상적인 정리정돈이나 청소기를 돌리는 정도는 스스로 합니다.

참고로 청소 대행 서비스는 한 시간에 최저 2천 엔(약 2만 2천 원) 정도예요. 주 1회나 격주로 두 시간만 의뢰해도 집이 상당히 달라집니다. 많은 사람이 이용하기 때문에 대행 서비스에 맡긴다고 해서 집안일을 게을리 한다는 의식은 없어요. 당연히 남에게 비난 받지도 않죠. 이렇게 자기의 기준과 가치관에 따라 돈과 시간을 쓰는 방식을 정합니다.

요리는 청소에 비하면 즐거운 요소가 더 많다고 할 수 있어요. 독일의 식생활에 대해서는 뒤에 이야기할 텐데, 상상을 초월할 만큼 간단하며 소박해요. 일반적으로 아침도 저녁도 빵에 치즈나 햄을 끼워 먹는 걸로 끝내요. 그 대신 주말에는 가족이 함께 즐기며 요리를 합니다. 이렇게 되면 요리는 집안일이 아니라 일종의 놀이로 여기는 게 아닐까 싶어요. 가족이 함께하는 작업은 설령 집안일이어도 즐겁고 화기애애한 오락이 된다는 걸 독일의 가정을 보며 느낍니다. 다만 집안일을 오락으로 만드는 데는 중요한 요소가 있어요. 엄마만 하는 게 아니라 모두 함께 한다, 억지로 하는 게 아니라 작업 자체를 즐기며 한다라는 두 가지 원칙이에요.

쇼핑하지 않는 일요일

독일인은 일요일에 무엇을 할까요. 일반적으로는 가족이나 친구와 느긋하게 브런치를 즐겨요. 베를린에는 도처에 카페가 있어서 주말에 거리를 걸으면 북적이는 카페 풍경이 눈에 들어와요. 카페 숫자가 많지 않은 자그마한 동네에서는 평소보다 늦게 일어나 여유롭게 식탁에 둘러앉아요.

그 외에도 독일인은 자전거나 자동차로 멀리 나가거나 공원 산책을 즐깁니다. 대도시에도 녹지가 많아서 자연을 쉽게 접할 수 있어요.

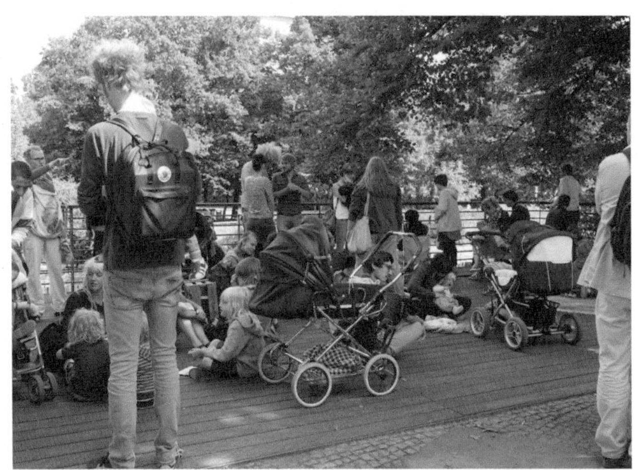

일요일에는 느긋하게 시간을 보내요.

독일에는 '상점 폐점법Ladenschlussgesetz'이라는 법률이 있어서 음식점이나 벼룩시장 등 일부를 제외하고 일요일과 휴일에는 어느 가게든 쉰다고 정해져 있어요. 슈퍼마켓도 마찬가지고 편의점은 독일에 없어요. 따라서 일요일에는 쇼핑을 즐길 수 없죠.

일본에서 이렇게 말하면 "그럼 언제 쇼핑을 하나요?"라는 질문을 받아요. 저도 일본에서는 주말에 자주 쇼핑을 했

시장 근처의 강변에서 쉬고 있는 부모와 아이들

어요. 평일에는 장보러 갈 시간밖에 없었기 때문에, 옷 같은 걸 쇼핑하러 도심까지 외출하곤 했죠.

그런데 신기하게도 일요일에 대부분의 가게가 영업을 안 하는 독일 생활에 익숙해지자, 지금까지 왜 귀중한 휴일에 굳이 쇼핑을 하며 피곤하게 보냈을까 라는 생각이 들었어요. 북적이는 인파 속을 걸어 다니는 건 그 자체로도 에너지가 많이 소모되죠. 평일에 출퇴근하느라 지쳐있는데 주말에도 몸을 피곤하게 했으니, 지금 돌이켜보면 스트레스가 계속 쌓이기만 한 건 당연한 일이었어요. 독일의 상점 폐점법 덕분에 그 사실을 깨달았죠.

만약 당신이 쇼핑을 정말 좋아한다면, 쇼핑하는 시간은 당신에게 소중해요. 하지만 지치기만 하고 귀찮다면, 주말에 쇼핑하는 빈도를 줄이거나 인터넷 쇼핑 등 다른 방법을 찾으면 돼요. 옷 쇼핑은 마음에 드는 가게나 브랜드를 한 번 발견해놓으면 무턱대고 찾아 헤매지 않아도 되고요. 이렇게 해서 자기 나름의 페이스를 찾아가는 것도 스트레스를 줄이는 하나의 방법입니다.

숲과 공원

쉼은 공짜입니다

독일은 도쿄나 서울처럼 수도에 모든 시스템이 몰려있는 나라가 아니에요. 베를린이 독일의 수도이긴 하지만, 나무가 많고 잔디밭에 누울 수 있는 커다란 공원이 시내 곳곳에 있어요. 30분 정도 기차에 몸을 맡기면 거대한 호수가 여럿 등장하는데 여름에는 거기서 수영을 해요. 가을이면 교외에 있는 숲에서 버섯 따기도 즐길 수 있어요. 이렇게 가까이에 자연이 있는 환경이 마음 평온한 나날로 이어진다고 실감해요.

저는 뭔가 생각할 일이 있을 때면 초목이 무성한 드넓은 공원을 산책해요. 예전에 아는 독일인에게서 '고민이 될 때는 숲을 걸으면 좋다.'라고 배웠기 때문이에요. 그 말 그대로예요. 솨솨 하고 나뭇잎이 바람에 스치는 소리, 잎새 사이로 비치는 부드러운 햇빛. 여기저기서 들려오는 작은 새의 지저귐. 30분 정도 걸으면 마치 초록빛 샤워를 한 듯 온몸이 되살아나는 느낌이 들어요. 긍정적인 기분으로 다시 일에 몰두할 수 있죠.

여름 해 질 녘의 확 트인 공원도 멋져요. 매점에서 차가운 맥주를 한 병 사서 잔디밭 위에 앉아 병째 마셔요. 이것만으로도 얼마나 멋진 순간인지. 2유로(2,600원)짜리 맥주 한 병으로 천국이 찾아오는 것 같아요.

어느 공원에든 잔디밭이 있는 점이 마음을 온화하게 만드는 비결인 것 같아요. 따스한 날에 공원에 가면 사람들이 잔디밭 여기저기서 책을 읽거나 드러누워 있는 모습을 봐요. 공공장소면서도 거기에는 각각 자기만의 시간이 흐르고 있어요. 그런 장소가 집에서 걸어갈 수 있는 거리에 있으니 늘 활기를 되찾을 수 있겠죠.

독일인은 정원 가꾸기도 무척 좋아해요. 단독 주택에는

대개 정원이 딸려 있어요. 대도시 중심부에서는 대부분 아파트에 살지만, 그래도 발코니에 화분을 늘어놓고 작은 정원을 만들어요.

독일에는 클라인 가르텐Klein Garten 혹은 슈레버 가르텐Schreber Garten이라는, 작은 집이 딸린 임대 계약 형태의 시민 농원도 있어요. 일본이라면 집을 한 채 지을 수 있을 정도로 넓은 토지여서 시민 농원이라고 하기엔 좀 어색할지도 몰라요. 클라인 가르텐은 교외뿐 아니라 시내에 비교적 접근하기 쉬운 곳에도 있어서 퇴근길에 훌쩍 들르기 좋아요. 독일 사람들은 이런 식으로 자주 클라인 가르텐을 찾아 꽃을 심거나 채소와 과일을 재배하는 데 공을 들여요.

수확한 채소와 과일은 조리하여 식탁에 올립니다. 사과나 딸기 같은 과일은 케이크나 잼으로 만들고요. 따뜻한 계절에는 정원에서 바비큐를 하고, 갓 수확한 채소를 그 자리에서 먹을 수도 있어요. 저도 예전에 한 번 친구가 소유한 클라인 가르텐에서 제가 재배한 호박을 수확하여 먹은 적이 있어요. 이루 말할 수 없을 정도로 맛있었어요. 그 맛을 알고 나면 가게에서 채소를 살 기분이 안 들 정도예요. 물

베를린의 클라인 가르텐, 넓은 정원과 작은 집이 있어요.

론 저처럼 정원이 없고 클라인 가르텐도 빌리지 않은 사람은 가게에서 채소를 살 수밖에 없지만, 재배에서 수확, 조리에 이르는 일련의 과정 자체는 여가를 즐기는 굉장히 이롭고 즐거운 방법이라고 생각합니다.

달리지 않고 한 템포 느리게

저는 성격이 급한 편이에요. 그래서 자주 짜증을 내곤 했어요. 하지만 베를린에 살면서 점점 마음이 온화해지는 시간이 늘어났어요. 그렇다고 딱히 독일에서만 할 수 있는 이야기를 하는 건 아니에요. 독일에 살지 않아도 마음이 평온해지는 정말 간단한 방법이 있어요.

그건 바로 전철을 놓칠 것 같거나 신호가 빨간불로 바뀌려고 할 때 달리지 않는 것. 달리지 않고 다음을 기다리는 거예요. 이것 하나만으로도 매일이 달라집니다.

저는 일본에서 늘 마음이 조급했어요. 조금이라도 빨리,

조금이라도 먼저, 항상 그런 마음으로 살았어요. 출퇴근하던 시절에는 반드시 급행열차를 탔어요. 같은 구간을 달리는 완행열차가 훨씬 비어있는 데다 도착 시간도 몇 분밖에 차이가 안 났는 데도 말이죠. 그런데도 당시 제 머릿속에는 완행열차를 탄다는 선택지가 아예 없었어요.

역에 도착하면 에스컬레이터에서도 멈추지 않고 걸어서 오르내리고, 인파를 요리조리 피해 앞으로 나아가 플랫폼에 도달한 순간 열차가 들어오면, 그 기막힌 타이밍에 기뻐서 속으로 쾌재를 부르곤 했죠.

그러다가 베를린에 와서 깨달았어요. 사람들의 걷는 속도가 느리다는 것을. 다리 길이의 차이도 있겠지만, 저처럼 서두르며 걷는 사람은 소수예요. 걷는 속도뿐 아니라 모든 동작이 느긋해요. 그러다보니 제 템포도 그들에 맞춰 점점 느려졌어요.

그러자 짜증을 내는 일이 줄어들었죠. 늘 갈 길을 서두르던 저는 뭔가를 기다리거나 인파 탓에 생각대로 앞으로 나아가지 못하면 짜증을 냈어요. 하지만 그렇게 서두른다 한들 얼마만큼의 시간을 벌 수 있었을까요. 고작 몇 분밖에 차이가 안 나는 일에 그동안 막대한 에너지를 소비해왔고, 그것이 바로 스트레스의 큰 원인이라는 걸 깨달았어요.

일본의 대도시는 인구 밀도가 높아요. 도쿄의 인구 밀도는 1㎢당 6천 명 이상이며, 도쿄도都의 핵심부인 23구로 한정하면 만4천 명 이상이에요(2018년 기준). 반면 베를린은 약 4천명이에요(2017년 기준). 사람이 많은 장소에 있으면 사람은 그 자체만으로도 스트레스를 받습니다.

인구 밀도 문제는 혼자 힘으로는 어찌할 수 없지만, 전철을 타거나 신호가 바뀔 때 뛰지 않고 다음을 기다리는 건 누구나 바로 시작할 수 있어요. 뛰지 않는다고 정하면 그만큼 여유롭게 행동하게 돼요. 그리고 이런 여유가 결과적으로 인생을 바꾼다고 생각합니다.

하루에 교통편이 몇 편밖에 없는 곳이면 몰라도, 도시에서는 조금만 기다리면 다음 전철이 오죠. 신호도 다시 초록불로 바뀌고요.

저는 1년에 두 달 반 정도를 도쿄에서 지내는데, 지금은 전철역에서도 느긋하게 걷고 완행열차를 즐겨 탑니다.

빨간불로 바뀌려 할 때는 뛰지 않고 기다립니다.

저희 집 부엌에서 보이는 전망.
건물 사이의 마당에 심어진 나무가 보여서 기분이 좋아요.

하루 중 '기분 좋은 타이밍'을 만든다는 것

독일에 살지 않아도 바로 시작할 수 있는 습관이 하나 더 있어요. 하루 중에 '기분이 좋아지는 시간'을 만드는 것. 예를 들어 자기 전에 좋아하는 노래를 한 곡 듣기, 욕조에 느긋하게 몸을 담그기, 아침에 스트레칭 하기 등 무엇이든 상관없어요. 바쁜 사람일수록 이런 시간이 더 더욱 필요해요.

제게 '기분 좋은 시간'은 아침식사 시간이에요. 부엌 창가에 작은 식탁이 있는데, 거기서 바깥을 바라보며 커피를 마시고 아침을 먹어요. 초봄부터 여름 사이에는 작은 새의 지저귐이 들려와요. 창문에서 보이는 나무에는 연녹색 잎이 레이스처럼 펼쳐지죠. 계절이 바뀌면서 잎 색깔이 점점 짙어지고 9월이 되면 노랗게 물들어요. 겨울에는 양초를 켜고 잿빛 하늘을 바라봐요. 이렇게 매일 아침 변해가는 계절을 감상하며 기운을 내고 하루를 시작해요.

언제부턴가 진정으로 풍요로운 생활이란 무엇인지 생각하게 되었어요. 일본에는 매력적인 상품과 오락거리가 넘쳐나죠. 귀여운 잡화에 한정 상품, 인기 브랜드와의 협업 제품, 유명 파티셰가 감수한 새로 나온 디저트……. 모두 반짝반짝 빛나서 바라보고 있으면 왠지 갖고 싶어집니다. 요즘 핫한 가게니까 가봐야지, 한정품이니까 사야지……. 나도 모르는 사이에 이렇게 생각하고 말아요. 물론 그런 상품이나 가게는 매일의 생활을 화려하게 장식하죠.

하지만 잠시 멈추고 생각해 보세요. 그것은 당신이 진정으로 원하는 것인가요?

독일에서는 그런 화려한 상품은 거의 찾아볼 수 없어요. 휘황찬란한 가게도 얼마 없습니다. 하지만 어째서인지 불만스럽지 않아요. 왜일까요.

작은 아이를 태운 자전거. 안전성도 높아요.

독일에 살면서 깨달은 사실은 돈 들이지 않고 마음 편히 즐길 수 있는 것이 많다는 점이에요. 그 이유는 역시 자연환경과 관련된 부분이 커요. 도시에 살고 있어도 자연은 가까이에 존재해요. 공원도 호수도 숲도 누구나 쉽게 갈 수 있어요. 길거리에도 초록빛이 넘실거리고 집의 정원이나 발코니에서 자연을 느낄 수도 있어요.

바람과 빛을 느끼며 그저 느긋하게 시간을 보냅니다. 소중한 사람과 마음껏 이야기해요. 여름밤 야외에서 촛불만 켠 희미한 불빛 아래 몇 시간이나 이야기에 열중하기도 합니다. 꼭 자연에 둘러싸이지 않아도 상관없어요. 겨울에는 따뜻한 방에서, 역시 곁에 양초를 켜놓고 같은 방식으로 시간을 보냅니다.

그런 한순간 한순간이 얼마나 마음을 충만하게 하는지 몰라요. 생활의 질이 높다는 건 바로 이런 것이라는 사실을 깨달았어요. 지금은 이 순간들을 차곡차곡 쌓아가는 것이 삶의 본질이라고 생각해요.

요즘의 제 삶은 바쁜 대도시의 감각으로는 너무나 단순해서 아무것도 없는 것처럼 보일 거예요. 하지만 저는 부족하다고 생각한 적이 없어요. 마음 구석구석까지 영양가가 가득하며, 물질적인 보충은 이제 확실히 필요 없어졌어요.

쉴 때는 실컷

저는 프리랜서여서 무심코 자꾸 일에 손을 대는 바람에, 제대로 된 휴일을 뒤로 미루기 일쑤예요. 하지만 별로 바람직하지 않다고 생각해요. 뭔가 한 가지 일만 계속 몰두하면 막다른 골목에 이르고 효율이 떨어지죠. 따라서 사람에게는 휴식이 필요해요. 휴일도 단지 막연하게 보내기보다는 일상에서 접하지 못한 걸 하면서 기분을 전환해야 휴식의 효과가 더 큰 법이죠.

저는 휴일에 카메라를 들고 아직 가본 적이 없는 지역을 산책해요. 평소에 마음에 드는 곳을 발견하면 '가고 싶은

리스트'에 넣어뒀다가 쉬는 날 길을 나서요. 제 취미는 건물 감상이에요. 좋아하는 건물을 발견하면 촬영 삼매경에 빠집니다. 그때는 모든 걸 잊고 무無의 경지에 이르는데, 그 순간 엄청 기분이 좋아져요. 많이 걸어서 몸은 피곤하지만 마음에는 생기가 넘칩니다.

독일인은 자연 속에서 시간 보내기를 무척 좋아해요. 휴일이면 자전거를 타고 멀리 나가거나 스포츠를 즐깁니다.

휴일을 보낼 때 중요한 점은 얼마나 쉬는 데 집중할 수 있는가예요. 쉬는 데 집중한다고 하면 좀 이상하게 들릴지 모르지만, 평소와는 다른 것에 몰두함으로써 재충전을 할 수 있어요. 그리고 다시 일상으로 돌아옵니다.

일하기와 쉬기는 자동차의 양쪽 바퀴와 같아요. 어느 한쪽만으로 달릴 수 없고, 둘 사이의 균형이 중요합니다. 생활에 강약을 확실하게 두는 독일인은 그런 사실을 잘 이해하고 있습니다.

주말에는 더 북적이는 동네 공원.

놀이기구를 타고 자유롭게 뛰어노는 아이와 엄마와 아빠.

여유로운 토요일 브런치 타임.
주말에 소규모 뷔페를 제공하는 카페가 많다.

좋아하는 사라들과 즐기는 바비큐 파티도 클라인 가르텐의 즐거움 중 하나.

일요일에 열리는 플리마켓. 뜻밖의 '득템' 찬스를 만나는 재미가 쏠쏠.

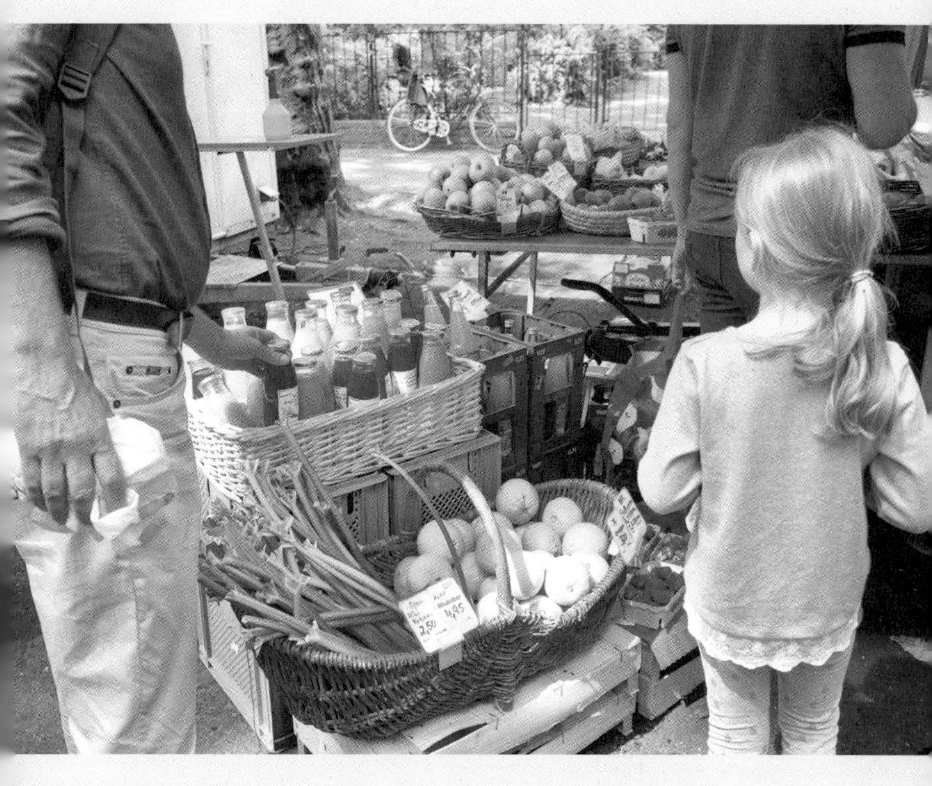

토요일에는 광장은 여기저기에 시장이 선다.
신선 식품은 여기에서 구매.

die Woh

Kapitel 3

살기

ung

나는 100년 된 집에 산다

베를린에 살기 시작했을 때, 거리를 걸을 때마다 "와!" 하고 감탄할 수밖에 없었습니다. 정확히는 압도돼 버렸다고 해야 맞을 거예요. 베를린의 길 양쪽에는 5~6층짜리 공동주택이 늘어서 있고, 건물 바깥벽에는 인물이나 식물이 조각되어 있습니다. 다른 유럽 국가와 마찬가지로 대도시 중심부는 기본적으로 멋스러운 공동주택으로 빼곡하죠. 다만 제가 그때까지 머릿속에 그렸던 전형적인 독일의 공동주택은 2차 대전이 끝난 후인 1960~70년대에 지어진 비교적 심플한 건물이었어요.

초등학교 6학년 때 1년간 살았던 구舊 서독의 보훔Bochum은 대학 도시이기도 한데, 학교 주변에는 70년대에 생긴 고층 아파트가 있어요. 그 당시 주말에 자주 가던 뒤셀도르프Düsseldorf나 쾰른Köln의 중심지에도 비슷한 시기에 지어진 건물이 눈에 많이 띄었고요. 그래서 독일의 공동주택이라고 하면 제 머릿속에는 전후에 건설된 심플한 건물이 떠올랐죠.

하지만 베를린 중심부에는 19세기 후반에서 20세기 초반에 지어진 공동주택이 많아요. 1871년에 독일 제국이 탄생하고 베를린이 수도가 되었는데, 이미 1860년대부터 사람들이 일을 찾아 모여들어 주택이 부족한 상황이었어요. 또한 당시에는 역병도 있었고요. 이런 상황을 개선하기 위해 도시 계획이 마련됐고, 채광과 통풍을 고려한 공동주택이 1860년대 이후부터 지어지기 시작했어요. 베를린 중심부의 공동주택은 집 대여섯 채가 가운데에 정원을 둔 구조가 표준이었고, 20세기 초반까지 이 기준에 따른 주택 건설이 붐을 이뤘어요. 전쟁을 치르면서도 파괴되지 않은 주택에는 지금도 사람이 살고 있어요. 19세기 후반의 이야기니까 지어진 지 100년이 넘은 건물이죠. 독일에는 좀처럼 지진이 일어나지 않고 건축 당시 벽돌로 지어졌다는 점도 1세기 이상 된 건축물이 온전히 보존된 주요한 이유라고 할 수 있어요.

이런 공동주택을 독일어로 '알트바우Altbau'라고 해요. 직역하면 '오래된 건물'이라는 뜻이에요. 이름 자체에 특성이 고스란히 드러나죠. 새로 지은 주택인 노이바우Neubau도 있지만, 베를린 중심부에는 신축 주택이 적은 편이에요.

처음에는 과연 이런 오래된 집에서 살 수 있을까 생각했어요. 일본은 자연 재해가 많은 탓에 지은 지 100년 넘은 집은 좀처럼 찾아볼 수 없거든요. 있다고 해도 외풍 때문에 추워서 사람이 살만한 곳이 아니라고 여겨지죠.

그런데 베를린이나 다른 유럽의 공동주택은 건물 자체는 오래됐어도 실내는 현대에 맞게 리모델링되어 있어요. 물론 건축 당시에는 중앙난방이 아니었죠. 욕실도 없고 화장실은 층계참에 공용으로 있었다고 해요. 창문 유리와 창문틀의 기밀성도 낮았어요. 이런 100년 전의 설비가 리모델링되어 최신식으로 바뀐 거죠. 드물게는 타일로 만든 커

지은 지 100년 이상 된 베를린의 알트바우.

다란 찬장 같은 벽난로를 여전히 쓰는 집도 있지만, 아쉽게도 그런 경우는 줄어드는 추세예요.

일반적으로는 아무리 리모델링을 했어도 오래된 집보다는 새로운 집에 가치가 있다고 생각하기 마련이죠. 하지만 독일에서는 그렇지 않아요. 내부를 개조하고 공들여 가꾼 알트바우가 인기예요. 독일 사람들이 신축 건물에는 없는

실내 중앙에 하얀 타일의 오래된 난로가 남아있는 베를린의 카페.

가치를 알트바우에서 찾아내기 때문이에요.

알트바우가 지어진 19세기 후반에서 20세기 초반에는 식물 등에서 영감을 얻은 곡선 디자인의 유겐트슈틸Jugendstil(아르 누보의 독일식 명칭) 양식이 유행했어요. 알트바우에 들어서면 현관홀의 천장에는 우아하고 아름다운 석고 조각이 새겨져 있어요. 계단 손잡이는 완만한 커브를 그리며 곡선을 이뤄요. 방 하나의 크기가 널찍널찍하고, 천장의 높이는 족히 3미터를 넘어요. 알트바우의 방에 잠시 있기만 해도 뭔가 특별한 기분이 샘솟아요.

이렇게 시간과 정성을 들인 여유로운 건물은 효율을 중시하는 전후 시대에는 건설되지 않았어요. 2차 대전 이후부터 1970년대 정도까지 지어진 공동주택은 방의 면적이 더 작고, 천장도 알트바우에 비하면 낮아요. 실내 장식도 없었고요. 다만 전후에 공동주택이 신축될 당시에는 알트바우가 지금처럼 리모델링되지 않았어요. 그래서 전기와 수도 등의 인프라가 잘 갖춰진 신축 주택이 당시에는 인기가 많았다고 해요. 집집마다 욕실이 있고, 수도꼭지를 돌리면 늘 뜨거운 물이 나오고, 방도 따뜻했어요. 인간다운 생

활을 할 수 있다는 점은 거주의 가장 중요한 조건이죠.

그 뒤로 알트바우에도 각 세대에 중앙난방과 욕실 등이 갖춰졌어요. 그래서 사람들은 공들여 가꾼 고상하고 아름다운 알트바우를 선호하게 되었죠.

저도 알트바우에 살고 있어요. 저희 집 건물에는 엘리베이터가 없어서 위층에 사는 저는 매일 계단을 오르내리기 힘들어요. 외출에서 돌아와 한 계단 한 계단 올라가 현관 앞에 다다르면 헉헉 하고 숨이 가쁠 정도예요. 일본에서 베를린으로 돌아올 때면 식료품으로 가득 찬 무거운 캐리어를 옮기는 게 정말 큰일이어서, 층계참에서 한 차례 휴식을 취하고 시간을 들여 올라가요. 거의 등산이나 다름없죠.

하지만 저는 100년이라는 세월을 머금은 운치 있는 제 집이 참 좋아요. 이런 정취는 그 어느 것과도 바꿀 수 없어요. 손때가 탄 묵직한 나무문이나 널마루의 촉감은 최신식 건축 자재로는 결코 흉내낼 수 없겠죠. 흠집마저도 오랜 세월을 견뎌낸 매력으로 느껴져요.

오래된 것에서 가치를 발견하는 건 서양적인 사고방식인 듯해요. 일본의 신사에는 센구遷宮라는 행사가 있어서 정기적으로 신전을 새로 지어 옮겨요. 신을 모시는 장소는 늘 새롭고 맑아야 한다는 사상은 서양의 사고방식과는 정반대일 수 있죠. 어쩌면 나무 문화와 돌 문화의 차이일 수도 있겠다는 생각도 들어요.

어떤 집에 산다는 게 인생에 어떤 영향을 미치냐고요? 우선 베를린에 살기 시작하면서 시간에 대한 감각이 바뀌었어요. 알트바우에 살고 있다는 게 크게 작용한 것 같아요. 일본에 있을 때는 10년 전은 옛날 일, 1세기 전은 저와는 관계없는 역사 교과서 속 세계였어요. 그런데 베를린에서 1세기 전에 지어진 집에 살게 되자, 역사의 세계와 제가 지금 살고 있는 현실이 이어져 있다는 걸 느껴요.

제가 살고 있는 집에는 여기저기에 옛 모습이 감돌고 있어요. 거실 한쪽 구석에 사무용 책상을 두었는데, 딱 그 위치만 바닥의 모양이 달라요. 나중에 새로 바꾼 게 틀림없어 보였어요. 왜 그럴까 하고 처음에는 이상하게 생각했죠. 하지만 수백 채가 넘는 베를린의 집을 취재해보니 '여기에 타일로 만든 벽난로가 있었겠구나'라고 이해했어요.

이제는 몇 십 년 전은 최근의 일, 100년 전은 조금 전이라고 여겨요. 눈 돌아갈 정도로 일상이 빠르게 흘러갈 때 이런 시간 감각을 떠올리면, 조금은 마음이 느긋해지는 기분이에요.

텅 빈 아파트를 채우는 특별한 방법

일반적으로 베를린의 공동주택에는 흔히 '옵션'이라고 하는, 세 들어 사는 사람에게 제공되는 기본 가구가 없어요. 가구가 완비된 단기 거주자용 방이나 예전에 살던 사람이 집주인의 양해를 받아 뭔가를 두고 가는 경우는 있지만, 보통은 아무것도 없는 공실 상대로 입주합니다.

제가 지금 사는 아파트에 들어올 때도 그랬어요. 방의 조명 장치는 천장에서 축 늘어진 전선 코드뿐이었죠. 커튼레일도 붙박이장도 없어요. 부엌에는 식기장 같은 수납공간

하나 없고, 오븐이 딸린 가스레인지만 달랑 놓여 있었어요. 부엌 찬장이나 서랍장은 개인이 소유하는 물건이어서 이사할 때 다들 가져가기 때문이에요.

'이거 참, 큰일이네…….'

이사가 처음은 아닌지라 머리로는 알고 있었지만, 앞으로 해야 할 작업량을 생각하니 아득해졌어요.

독일인은 D.I.Y Do It Yourself에 능숙해요. 자잘한 수선이나 가구 만들기는 스스로 해요. 그래서 대부분의 가정에 전동 드릴-드라이버가 있고, 그 밖의 공구류도 갖고 있어요. 각종 자재나 도구를 파는 홈 센터에 가보면 페인트와 벽지, 밀리미터 단위로 진열된 전동 드릴 비트, 저로서는 무엇에 쓰는지 알 수 없는 각종 코드, 욕조부터 조명 기구까지, 건물 바깥벽에서 안쪽을 다 수제로 만들 수 있을 정도로 상품이 완비되어 있어요. 이런 거대한 홈 센터의 체인점을 여러 회사가 독일 전역에 경쟁적으로 내고 있는 것만 봐도 독일인의 D.I.Y에 대한 끝없는 애정을 알 수 있어요.

벨기에인과 네덜란드인도 D.I.Y를 좋아한다고 하니 이런 성향은 유럽에 폭넓게 해당되는가 봐요. 유럽의 집이 100년

단위로 오래 유지되기 때문에 자잘한 수선이나 손질을 해야 하고, 그때마다 기능공에게 의뢰하면 비용이 많이 든다는 사정도 있을 거예요. 게다가 가족이나 친구와 이야기하며 작업을 하면 즐겁기도 해요. 독일인은 어릴 때부터 가정에서 뭔가를 만들거나 고치는 것에 익숙해서 D.I.Y 능력이 자연스레 몸에 배는 것 같아요.

여하튼 제가 이사할 때는 많은 사람이 교대로 도와주어서 2주일 정도 지나자 일상생활, 즉 세탁과 요리를 할 수 있게 됐어요. 주방 가구의 조립과 설치는 전문가에게 맡기고, 저는 벽을 좋아하는 색으로 칠하는 등 제가 할 수 있는 일을 매일 했어요.

여기까지 쓰고 보니 독일에서 이사하기는 정말 번거롭다고 생각될 수도 있겠네요. 하지만 앞서 말했듯이 즐거운 시간이기도 해요. 판에 박힌 설비가 없기에 오히려 자신의 취향이나 라이프스타일에 맞게 거주 공간을 꾸밀 수 있거든요. 입주 전에 텅 빈 집을 보면서 '창밖 풍경을 내다보며 일하고 싶으니 책상은 여기에 놓고…… 즐거운 기분이 들도록 이 주위는 벽을 밝은 색으로 칠하고…….' 등등 계획

부엌 입구에서 보면 찬장과 시스템키친이 서로 마주보고 있어요.

을 세워나가면 마음이 설레요.

제가 베를린에서 만난 사람 중에는 창의적인 사람이 많은데, 일상생활에서도 뭔가를 만들거나 상상하는 습관이 있기 때문인 듯해요. 방의 가구 배치를 어떻게 바꿀지 늘 생각한다는 지인은 가구가 필요할 때 가구점에 가지 않아요. 대신 벼룩시장에서 비슷한 걸 발견하거나 지인에게 물려받은 걸 자기 취향에 맞게 손봐서 완전히 새로운 가구로 만들어버려요. 그런 사람은 뭔가를 다른 용도로 바꾸는 데 탁월해요. 예를 들어 찻잔을 전등갓으로 만들거나 식물 재배용 용기를 벽에 붙여 선반으로 사용해요. 완전히 다른 물건으로 상상하는 능력이 뛰어난 것 같아요.

그 영향을 받아 저도 되도록 구체적인 명사가 아니라 모양이나 상태로 물건을 인식하게 되었어요. 그 예가 부엌에서 쓰는 찬장이에요. 지금 사는 집으로 이사 올 때 식기를 수납하는 가구가 있으면 좋겠다고 생각했어요. 하지만 시중에서 파는 부엌용 서랍장은 제 예산 범위 밖이었죠. 일반적인 찬장은 너무 높아서 제가 쓰기에는 안 맞았고요. '흔히 말하는 찬장이 아니라 뭔가 그……널빤지가 많이 달려 있는 선반 같은 것……'을 염두에 두고, 단순히 찬장이 아니라 '널빤지가 많이 있는 것'이라는 이미지로 찾았어요. 결국 인터넷 쇼핑몰에서 높이 85센티미터인 책장을 발견했어요. 같은 크기로 두 개를 구입하여 벽을 따라 세우고 나사로 연결한 뒤, 그 위에 나무 상판을 깔아 고정했어요. 찬장의 반대편에는 싱크대와 서랍장, 소형 냉장고를 나란히 배치하고, 그 위에도 상판을 깔아 간단한 시스템키친을 완성했어요. 시스템키친을 구성하는 소형 냉장고와 드럼 세탁기의 높이는 82~87센티미터가 표준인데, 저희 집 부엌도 그 높이에요. 책장으로 만든 찬장의 높이도 85센티미터여서 시스템키친과 찬장이 서로 마주하도록 설치하자 그럴싸하게 정돈되어 보였어요. 카탈로그에 나오는 빈틈없이 깔끔한 부엌은 아니지만, 제가 쓰기 편해서 충분히 만족하고 있어요.

이미 뭔가가 갖춰진 거주 공간은 편리하긴 하지만, 거기에는 내 가치관이 반영되지 않아요. 아무것도 없는 상태에서 공간을 만들어가다 보면 내가 소중히 여기는 것, 이상으로 여기는 삶을 다시금 생각하게 됩니다. 그렇게 해서 내

가치관과 마주하고 나를 더 잘 이해하게 되죠. 이런 경험을 거듭하는 동안 삶이 조금씩 알차지고 마음도 편안해지는 걸 느껴요. 저는 지금도 베를린에서 여전히 그 훈련을 하고 있어요.

집이 가장 중요한 독일인

의식주 중에 무엇을 중시하는지는 사람마다 다르죠. 그래도 나라마다 대략적인 경향은 있는 듯해요. 일본인은 대체로 '의'와 '식'을 소중히 여깁니다. 일본에 잠시 귀국해 거리를 다녀보면, 여성들의 차림새가 매우 세련되고 유행에 신경을 쓴다는 걸 알 수 있어요. 베를린에서 남의 눈을 전혀 의식하지 않게 된 저는 티셔츠에 청바지 차림이 완전히 몸에 배서, 친구들 모임에 혼자만 단정치 못한 모습으로 나간 적도 있었어요. 또한 일본의 SNS 계정에 음식 사진이 넘쳐나는 걸 보면, 입는 것 못지 않게 먹는 것에 대한 뜨거운 열정이 느껴집니다.

독일은 압도적으로 '주'를 소중히 여겨요. 길고 매서운 겨울 추위 탓에 집에 있는 시간이 많아져서 결과적으로 집을 중시하게 됐는지도 모르겠습니다. 그래서인지 독일인은 주거 공간에 꽤 공을 들여요. 직접 만들거나 고치는 D.I.Y를 좋아하는 것도 집에 대한 애착을 나타낸다고 할 수 있어요. 베를린에서는 공들여 가꾼 알트바우가 새로 지은 건물보다 가치가 있다고 앞서 이야기했는데, 집이 오래됐다고 해서 값어치가 떨어지지 않아요. 따라서 집에 시간과 노력을 투자할 수 있는 것이겠죠.

더욱이 집은 가족의 상징이며 마음의 안식처입니다. 빨리 돌아가고 싶은, 마음이 편안해지는 집을 만들기 위해 모두들 다양한 묘안을 짜내요.

꽤 오래 전에 독일에서 유행한 이케아 광고 중에 "Wohnst du noch oder lebst du schon?"이라는 문구가 있어요. 직역하면 "아직도 그저 머물고 있니? 아니면 이미 살고 있니?"라는 뜻이에요. 보넨wohnen은 단순하게 '머물다', '거주한다'라는 의미고, 레벤leben에는 '만끽하다', '누리다'라는 뉘앙스가 있어요. 갓 없는 전구 아래 침대 하나만 덩그러니 놓인 살벌한 방에서도 사람은 머물 수 있죠. 하지만 자신의 취향에 맞도록 안락하게 꾸미면, 집은 잠만 자는 '거주' 장소에서 '삶을 만끽하는' 나의 공간으로 바뀝니다. 저는 이런 사실을 생생하게 경험한 적이 있어요.

베를린에 처음 살기 시작했을 때 독일인 몇 명과 아파트를 공유했는데, 사정이 생겨 그곳을 나오게 되었고 제가 쓰던 방에는 독일인 여성이 들어왔어요. 몇 개월 뒤 그 아파트를 찾았을 때 예전에 살던 방의 문을 열어보았어요. 해질 무렵 어슴푸레한 방 안에는 양초의 노란 불빛이 일렁이고 있었고, 안락한 쿠션이 놓인 모습이 너무나 편안해 보였어요. 제가 살던 방과 같은 곳이라고 도저히 생각할 수 없었죠. '삶을 만끽한다는 건 이런 거구나'라고 실감했던 기억이 납니다.

독일판 휘게
게뮈트리히

독일어에 '게뮈트리히gemütlich'라는 말이 있어요. '안락하고 편하다', '느긋하게 쉰다'라는 의미로 일상 대화에도 자주 등장합니다. 최근 편안하고 기분 좋은 상태를 뜻하는 덴마크어 '휘게'가 꽤 널리 알려졌는데, 게뮈트리히는 휘게의 독일어 버전이라고 할 수 있어요. 보통 '게뮈트리히한 집'이라는 식으로 쓰이는데, 단순히 기분이 좋은 것과는 다르며 좀 더 독특한 뉘앙스를 지닌 단어라고 독일 사람들은 말합니다. 이 세상 그 누구도 아닌 '나'에게 초점이 맞춰져 있으니까요. 예를 들어 따뜻한 방에 촛불이

햄이나 야채 등의 식재료와
간단한 요리로만 차린 소박한 홈 파티

흔들리거나, 하루를 마무리하여 소파에서 와인을 마시는 것처럼 내가 가장 편하게 쉴 수 있는 사람과 시간과 공간을 가리키는 말이 바로 독일판 휘게, '게뮈트리히'예요. 앞서 제가 충격을 받은, 셰어하우스에 저 다음으로 입주한 여성의 방은 지금 생각해보면 '게뮈트리히' 그 자체였어요.

독일인은 집에서 게뮈트리히한 장소로 부엌과 거실을 자주 꼽아요. 베를린 가정에서는 부엌 한쪽 구석에 작은 테이블과 의자를 두고 거기에서 아침이나 저녁을 먹습니다. 커다란 디너용 식탁을 따로 놓는 집도 있지만, 일상적인 식사는 매우 간소해서 부엌의 작은 테이블에서 끝내는 게 일반적이에요.

많은 독일 가정에서 "부엌이 우리 집에서 가장 게뮈트리히한 곳이에요."라는 말을 들었어요. 식사를 준비하고 식탁에 둘러앉는 장소는 생활의 기본이 되는 곳이죠. 불을 사용하니 당연히 따뜻하고, 배가 채워지면 흡족한 기분이 들기 마련입니다. 배가 부르고 따뜻하면 식사를 마친 뒤 자연스레 이야기꽃도 피우게 되겠죠.

베를린의 알트바우가 지어진 100~150년 전에는 가족이 늘 부엌에 모였다고 해요. 당시에도 거실이 있었지만 어디까지나 손님을 맞이하기 위한 방으로, 일반 가정에서는 평소에는 사용하지 않았어요. 방을 데우려면 타일로 만든 난로에 석탄을 넣어 불을 지펴야 했고, 실제로 따뜻해지기까지 시간이 꽤 걸렸어요. 일상생활에서는 그런 시간과 수고와 돈이 드는 사치를 부리지 않았던 것이죠.

당시의 부엌에는 지금처럼 가스나 전기레인지가 없었고 아궁이에서 조리를 했어요. 따라서 식사 준비를 하면 실내에 온기가 남아요. 중앙난방이 없던 시대에 따뜻하고 먹을 거리가 있는 부엌으로 가족이 모이는 건 당연했죠. 아마도 그런 풍습이 있었기에 지금도 부엌이 게뮈트리히한 장소일지도 몰라요.

그러고 보니 홈 파티에서도 비슷한 경험을 한 적이 있어요. 저는 예전에 독일인과 아파트를 공유하고 살아서 가끔 모두 함께 홈 파티를 열곤 했어요. 베를린에서는 친구끼리 서로의 집에서 차를 마시거나 파티를 자주 열어요. 특히 학생이나 젊은 부부 등 아이가 없는 사람끼리는 부담 없이 모여 함께 요리를 만들어 먹곤 하죠. 테이블 장식이나 식기에 신경을 쓰는 격식 있는 파티가 아니라, 다 같이 이야기를 주고받는 게 목적이에요. 요리는 커다란 냄비나 그릇에 가득 담아 식탁에 올려놓고, 각자 좋을 대로 가져다 먹는 캐주얼한 형식이에요.

손님들과 이야기를 주고받는 장소는 거실이지만, 어느새 사람들이 부엌에 모여 들어요. 누군가가 부엌으로 가면 한 사람 그리고 또 한 사람이 따라가고, 어느덧 소파도 없는 작은 부엌이 잔을 들고 선 채로 이야기하는 사람들로 북적입니다. 저는 이런 현상을 멋대로 '홈 파티의 법칙'이라 부르는데, 먹을거리가 있는 부엌은 역시 마음이 편안해지는 장소인 듯해요.

거실은 또 다른 장소로, 저녁식사 후 소파에 드러누워 텔레비전을 보거나 가족들이 그날 있었던 일을 이야기하는 곳이에요. 거실 한쪽 코너에 술과 술잔을 비치하여 바를 만들어놓은 집도 자주 봅니다. 독일인에게는 하루의 마무리로 술잔을 기울이며 이야기하는 것이 역시 게뮈트리히한 시간인 셈이죠.

게뮈트리히한 공간 활용법

서양식 라이프스타일이 정착하기 전에 일본의 집에서는 방 하나를 그때그때 사정에 맞춰 달리 사용했어요. 예를 들어 식사할 때는 밥상을 펴고, 밤이 되면 밥상을 접고 이불을 깝니다. 같은 방이 다이닝, 거실, 침실의 역할을 다 했어요. 지금도 집이 원룸이라면 한 방에서 먹고 자는 등 모든 생활이 이루어지죠.

하지만 커플이나 가족이 함께 살면 집은 다이닝, 거실, 침실 그리고 아이들 방 등으로 나뉠 거예요. 즉 방마다 용도가 따로 있어요. 당연한 이야기지만 다이닝은 먹는 곳이고, 침실은 잠을 자기 위해 있죠. 방마다 목적에 맞게 잘 꾸미면 집에 있는 시간이 더 '게뮈트리히'해집니다. 집에서 보내는 시간의 질이 높아진다는 뜻이에요.

누구나 일정 시간을 집에서 보냅니다. 그 시간의 질이 높아지면 생활이 더 알차지겠죠. 그러면 결과적으로 보다 의미 있는 인생을 살 수 있지 않을까요. 결코 남과 비교하는 게 아니라 나의 내면이 충만해지는 걸 느끼려면, 집에서 보내는 시간의 질을 높이는 게 매우 중요하다고 생각해요.

대체 어떻게 하면 집에서 보내는 시간의 질을 높일 수 있을까요. 베를린의 주택을 살펴보니 앞서 말한 각 방의 용도에 핵심이 있었어요.

예를 들어 침실은 하루의 피로를 풀고 느긋하게 쉬면서 내일을 위한 활력을 회복하는 곳이죠. 그런데 하얀 형광등으로 방 전체를 눈부시게 비추면, 피곤함이 풀리기는커녕 눈이 말똥말똥해져서 좀처럼 잠들지 못합니다. 하얀빛은 한낮의 태양광 색이에요. 즉 형광등으로 방 전체를 밝히면 한낮에 야외에 있는 셈이죠. 집중력이 필요한 공부방에는 제격이지만, 피로를 푸는 침실에는 적합하지 않아요.

그러면 침실에는 어떤 조명이 어울릴까요? 우선은 노란색이나 오렌지색을 띠는 따스한 색으로 와트 수가 낮은 전구를 고릅니다. 그리고 되도록 낮은 위치에 조명을 설치해요. 해 질 녘의 태양을 떠올려 보세요. 한낮에는 하얗게 빛나던 태양도 붉게 물들어 저물어 가죠. 그런 상태를 방에 재현한다고 생각하면 이해하기 쉬울 거예요. 자기 전 책을 읽기에 너무 어둡다면 머리맡에 독서용 조명을 두면 돼요. 방 전체를 밝게 비출 필요는 없어요.

이런 조명 방식은 느긋하게 쉬는 장소인 거실에도 해당됩니다. 독일인의 집을 방문하면 어슴푸레해질 때까지 조명을 켜지 않기도 해요. 조명 자체도 주로 어둑어둑한 간접 조명이어서 익숙하지 않은 사람 눈에는 꽤 어둡게 비칠 거예요. 저도 처음에는 그렇게 느꼈어요. 하지만 TV를 보거나 책을 읽는 게 아니라면, 다소 어두울 정도의 조명에 오히려 안정감이 느껴집니다. 조명이 약간 어두운 편이 얼굴도 왠지 아름다워 보이고 느긋한 분위기도 자아내요. 간접 조명 여러 개가 방 이곳저곳을 비추거나 양초의 촛불이 하늘하늘 흔들리면 더욱 '게뮈트리히'해집니다.

빛의 방향을 바꿀 수 있는
스탠드 조명이 있으면 편리해요.

반대로 집중력을 높이고 싶을 때는 편히 쉬는 장소와 반대로 하면 돼요. 필요한 곳을 하얀빛으로 비추고, 주위에 불필요한 물건을 두지 않도록 합니다. 조명 선택법과 사용법만으로도 집에서 보내는 시간의 질을 향상시킬 수 있어요. 독일에 살지 않아도 이 정도는 손쉽게 활용할 수 있지 않을까요.

그럼 원룸은 어떻게 해야 할까요? 실은 전혀 문제될 게 없어요. 저도 지금의 아파트에 살기 전에는 욕실—욕조는 없고 샤워기와 세면대만 있는—과 작은 부엌이 딸린 원룸에 살았어요. 아무리 원룸이라 해도 침대와 테이블은 있기 마련이죠. 그 가구들이 있는 곳을 하나의 방으로 여기고 꾸미면 됩니다. 테이블을 식탁과 책상으로 겸용하고 있다면, 방향 조절이 가능한 스탠드로 필요에 따라 조명의 각도를 바꾸면 편리해요. 일할 때는 조명을 테이블 쪽으로 비추고, 식사할 때는 각도를 바꿔 벽에 비추면 금세 분위기 있는 간접조명으로 탈바꿈해요. 스탠드의 디자인도 사무용이 아니라 어느 쪽으로 써도 이질감이 없는 걸 고르면 완벽합니다. 침대 옆에는 독서용으로 작은 조명이 있으면 편하죠. 그리고 집에 돌아와 쉴 수 있도록 방 전체의 조명은 형광등이 아니라 따스한 색의 조명으로 약간 어둡게 하면 좋아요.

즉 원룸이든 아니든 방 전체의 조명은 다소 어둡게 하고, 목적에 맞는 조명을 필요한 곳 여기저기에 둡니다. 그것만으로 집이 무척 '게뮈트리히'한 공간으로 바뀔 거예요.

그런데 원룸에 살면 사람을 초대할 때 침대가 신경 쓰이죠. 침대가 보이면 왠지 개인적인 생활 공간이 지나치게 드러나는 기분이 들어요.

제가 원룸에 살았을 때 저희 집에는 침대와 커피 테이블, 책상과 옷장이 있었어요. 방이 작고 구입할 여유도 없어서 손님에게 앉으라고 권할 소파는 없었죠. 그래서 누군가 찾아오면 침대를 소파 대신 사용했어요.

하지만 침대를 그대로 쓴 건 아니에요. 우선 침대를 완전히 덮는 커다란 멀티 커버를 씌웁니다. 그리고 베개 대신 크고 작은 쿠션을 네다섯 개 늘어놓아요. 쿠션 커버의 디자인은 다 같을 필요는 없어요. 색이나 디자인의 경향만 얼추 맞으면 오히려 다른 디자인이 좋아요. 무늬가 많아서 너무 정신이 없다면, 한두 개는 무늬 없는 것을 두어 조절합니다. 사이즈만 맞으면 베개에 쿠션 커버를 씌워 다른 쿠션과 함께 놓아도 상관없어요. 그렇게만 해도 생활감이 꽤 옅어져요. 한번 시도해보세요.

좋아하는 소품 하나 컬러 하나

공간을 구성할 때 무엇보다 중요한 건 조명이지만, 잡화로도 '게뮈트리히'를 쉽게 연출할 수 있어요.

대표적으로 양초를 들 수 있죠. 일렁이는 오렌지색 촛불은 마음을 차분하게 해줍니다. 양초 스탠드에는 여러 종류가 있는데, 제가 애용하는 건 티 라이트 캔들(작은 컵에 넣는 양초)을 넣어 쓰는 컵 모양의 캔들 홀더예요. 촛불을 켜면 컵 안의 불꽃이 마치 살아있는 생물처럼 흔들흔들 움직여요. 모닥불에는 치유 효과가 있다고 하는데, 불꽃의 흔들림에 사람의 마음을 안정시키는 '1/f 파장'이 있기 때문이라고 해요. 양초의 촛불도 마찬가지라 할 수 있죠.

게다가 캔들 홀더에 넣으면 촛불이 밖으로 노출되지 않아서, 일반 양초 스탠드에 비해 신경이 덜 쓰여요. 색과 디자인을 달리 하여 세 개 정도 나란히 놓으면, 존재감이 물씬 풍겨서 더 멋져요.

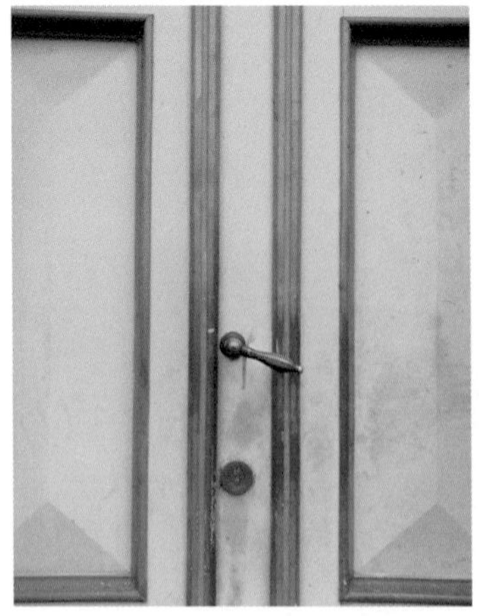

또 다른 잡화로는 무릎 담요가 있어요. 만졌을 때 느껴지는 폭신한 감촉 자체가 이미 '게뮈트리히'해요. 조금 추울 때면 무릎 담요를 다리에 덮거나 몸에 두르거나 해요. 소파에서 잠이 든 가족에게 덮어줄 때도 있겠죠. 독일 가정에는 거의 예외 없이 소파에 무릎 담요가 놓여 있어요.

예전에 베를린의 한 레스토랑에서 문득 깨달은 사실이 있어요. 무척 멋진 인테리어에 고급스러운 분위기가 감도는 가게였어요. 저는 거기서 누군가와 식사를 하며 그때 쓰고 있던 원고에 참고하려고 이야기를 듣고 있었어요. 그런데 가게 안이 별로 붐비지 않는데도 너무 어수선해서 이야기에 집중할 수 없었어요. 상대의 말을 알아들으려고 애를 쓰다가 지쳐버렸어요. 나중에 생각해보니 그 가게의 내장재에 금속 소재가 많았고, 천으로 된 재질이 거의 없었다는 걸 깨달았어요. 천은 소리를 흡수합니다. 공간 안에 아주 조금이라도 부드러운 직물이 있으면 방한에 도움이 되는 건 물론, 쓸데없는 소리를 흡수하여 대화하기가 쉽고, 보기에도 따뜻한 인상을 준다는 걸 그때 느꼈어요.

방의 분위기를 드라마틱하게 바꾸는 방법은 또 있어요.

벽에 페인트를 칠하거나 벽지를 바꾸는 거예요. 한 면만이라도 좋아하는 색 혹은 방의 용도에 맞는 색으로 칠하거나 도배를 하는 거죠. 이렇게 하면 방의 이미지가 확 바뀝니다.

제가 처음으로 페인트칠을 시도한 건 원룸에 살았을 때예요. 마침 D.I.Y에 대한 책을 만든 적도 있어서 '이 기회에 혼자 페인트칠에 도전해 볼까'라는 생각이 들었어요.

앞서 말했듯이 독일은 D.I.Y 천국이어서 페인트 색의 종류도 다양하기 이를 데 없어요. 유명 메이커의 제품도 있지만, 독일인은 주로 홈 센터의 독자적인 컬러 차트에 따라 페인트를 조합하여 사용해요. 컬러 차트에서 원하는 색을 지정하면 점원이 여러 색의 페인트를 기계에 넣고 세차게 흔들어 잘 섞어줍니다.

제가 고른 색은 청회색. 책상과 침대가 나란히 놓여있는 벽만 바르기로 했어요. 왜 그 색으로 했냐 하면 원래 좋아하는 색이기도 했고, 마음이 차분해질 것 같았기 때문이에요.

처음 하는 페인트칠이다 보니 어찌될지 가늠이 안 되어

친구에게 충고를 받아 어림짐작으로 작업을 했어요. 그런데 의외로 수월하게 됐답니다. 먼저 페인트가 바닥에 묻지 않게 비닐 시트를 깔고, 콘센트 등 페인트를 칠하지 않을 곳은 마스킹 테이프로 붙여요. 칠할 때는 우선 가는 붓으로 세세한 부분부터 한 뒤, 페인트를 묻힌 커다란 롤러로 마음껏 벽을 칠합니다. 최대한 얼룩지지 않게 고르게 칠한 후, 마르면 다시 칠해요. 물론 프로가 한 결과물과는 전혀 다르겠지만 아마추어의 눈에는 꽤 그럴싸했어요. 여기는 내가 사는 집이니 제가 만족하면 그걸로 충분합니다.

방의 한쪽 면이 하얀색에서 청회색으로 바뀌기만 했는데도 왠지 훨씬 센스가 있는 느낌이 들었어요. 예상도 못했는데 가구까지 고급스러워 보였죠. 가구의 짙은 갈색과 청회색 벽이 조화를 이룬 결과였어요. 벽에 페인트를 칠하고 나니 집이 훨씬 더 좋아졌어요.

도배는 페인트칠보다 난이도가 높지만 그만큼 변화도 더 큰 것 같아요.

독일에 제가 좋아하는 실크 스크린 작가가 있는데, 언젠가 그 작가의 벽지를 인테리어에 활용하고 싶다고 생각해

왔어요. 지금 사는 집에 이사할 때 그 바람이 이루어졌죠. 새 집에는 작은 침실이 있어서 어떻게 꾸밀까 고민하던 중이었어요. 침대만 놓여있는 새하얀 방은 왠지 병원 같았거든요. 좀 차가운 느낌이 들었어요. 침실이니까 마음 편히 쉴 수 있는 공간으로 만들고 싶다, 차가운 인상이 아니라 차분하면서도 따스한 느낌이 들도록…….

고민 끝에 알리움이 그려진 옅은 회색 벽지를 바르기로 했어요. 알리움 꽃은 어떻게 보면 제가 좋아하는 눈의 결정체처럼 보였어요. 회색의 부드러운 색감이 마음을 평온하게 해주었고, 그림의 모양도 따스했어요. 침실에 안성맞춤이라고 생각해 그 벽지를 주문했죠.

도배할 때는 벽지가 울지 않아야 하고, 이음새 부분의 모양을 맞추는 데 주의해야 해요. 독일의 벽지는 보통 폭이 53㎝고, 디자인에 따라서는 모양이 일정한 간격으로 반복될 때가 있어요. 벽지 좌우 이음새의 모양이 딱 맞게 조절하면서 발라야 하는데, 이 작업이 상당히 어려워요. 다행히 제가 고른 디자인은 좌우 모양을 맞출 필요는 없었지만, 그래도 도배한 직후에는 벽지가 울어서 꽤 고생을 했어요.

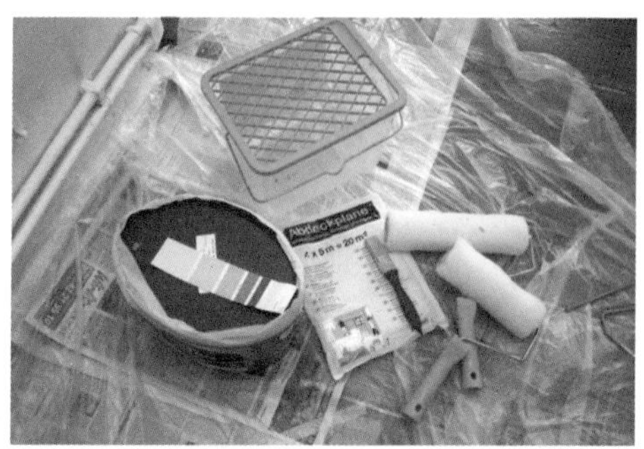

페인트칠에 없어서는 안 될 도구들. 홈 센터에서 샀어요.

혼자서 도배에 도전.
힘들었지만 만족스러웠어요.

하지만 이 작업도 끝내고 보니 완성도가 나쁘지는 않았어요. 전용 풀을 바른 뒤 도배지를 붙일 때는 주름이 지고 기포가 생겼는데, 마르고 나니까 깔끔해졌어요. 무엇보다 스스로 해냈다는 만족감에 집이 더더욱 좋아졌죠. 전문가에게 의뢰하는 비용도 들지 않고, 자기만족을 할 수 있는데다 집에 대한 애착도 늘어납니다. 그야말로 일석이조 아니, 일석삼조가 아닐까요?

페인트를 칠하건 벽지를 바르건 작업 전후에 사진을 찍어 비교해보면, 분위기가 확 달라진 걸 느낄 수 있어요. 일본에는 떼어낼 수 있는 도배지도 파니까 세 들어 사는 집이어도 한번 시도해보세요. 분명 지금까지와는 다른 기분이 들 거예요. 마음에 드는 공간에서 시간을 보내면 더 큰 행복감을 느낄 수 있지 않을까요.

벽지나 컬러 페인트도, 조명도 인테리어 분야에 들어갑니다. 인테리어라고 하면 뭔가를 장식하거나 방을 멋지게 꾸미는 이미지가 떠오를 텐데요. 물론 그런 것도 인테리어의 일부분이죠.

하지만 제가 베를린의 집을 취재해보니 인테리어란 하

루하루의 일상, 그리고 인생 전체를 알차게 해주는 것이라고 확신하게 됐어요. 나와 가족의 가치관을 반영한 인테리어, 피곤함을 풀고 기운이 나게 하는 게뮈트리히한 인테리어는 그 집에 사는 사람에게 커다란 에너지를 줍니다. 인테리어는 보다 좋은 삶을 살고 싶을 때 중요한 작용을 하는 요소예요.

정리정돈과 청소는 어릴 때부터

독일에서는 집에 사람을 초대하면 집 안 구석구석을 돌며 안내를 해요. “여기는 거실, 여기는 서재, 아이들 방은 여기…….” 일반적으로는 “부탁이야, 여긴 열지 말아줘!”라며 필사적으로 감추는 ‘안 여는 문’이 있기 마련인데, 독일 사람들은 그렇지 않아요. 문을 열고 모든 방을 보여줍니다.

물론 손님이 올 예정이었으니 아무래도 어느 정도는 깨끗이 치워두죠. 하지만 완벽하게 정리정돈을 하지 않았어도 별로 신경 쓰지 않고 모든 방을 보여주는 사람이 많아요. 평소에 비교적 잘 정돈해두는 집이 많아서인지, 갑자기 방문해도 놀랄 정도로 엉망진창인 경우는 적어요―하지만 가끔은 엉망진창인 집도 있어요. 그래도 놀라울 정도로 태연합니다―.

독일 사람들은 깔끔한 걸 좋아한다고들 해요. 당연히 예외는 있지만 대체적인 경향은 확실히 그런 것 같아요. 좀 더 정확하게 말하면 정리정돈에 능숙하고 깔끔한 걸 좋아하는 사람이 많아요.

왜 그럴까요. 지금까지 많은 집을 방문하여 취재해보니 어릴 때부터 정리정돈과 청소하는 습관을 들이는 점이 눈에 띄었어요. 많은 부모들이 "처음에는 아이들과 함께해요. 그러다가 아이 혼자 할 수 있게 되죠."라고 말합니다.

과연 그렇게 쉽게 될까 하고 솔직히 반신반의했어요. 그런데 어느 지인의 집을 찾았을 때 네 살 된 아이가 스탠드식 청소기를 돌리고 있는 걸 봤어요. 놀란 제가 대체 몇 살부터 청소를 했는지 물었더니 세 살부터 했다고 답했어요. 제대로 가르치면 아이도 할 수 있는 능력이 있다는 걸 깨닫게 된 계기였어요. 책임이 주어지니 아이에게도 할 마음

스탠드식 청소기. 부속을 바꾸면 물걸레 청소도 할 수 있어요.

이 생기겠죠. 물론 남자아이든 여자아이든 관계없어요.

정리정돈도 마찬가지예요. 놀이도구는 상자 안에, 씻은 그릇은 원래 있던 자리에. 부모는 그때그때 아이들에게 주의를 줍니다. 감정적으로 혼내는 게 아니라 타이른다는 표현이 적합할 거예요. 그렇게 반복하다보면 어른이 될 무렵에는 완전히 몸에 익겠죠. 이 교육이 다시 다음 세대로 이어집니다.

아이 방의 정리정돈은 주로 장난감이나 책 등을 몇 개의 상자에 나눠넣고 그 상자를 선반에 놓는 식으로 해요. 이렇게 하면 상자 안에 휙휙 넣기만 하면 되니까 아이도 쉽게 정리할 수 있어요.

아이가 성장함에 따라 문이 달린 수납공간이나 서랍에 정리를 합니다. 깔끔하게 정돈된 집은 '보이지 않는 수납'을 하는 경우가 많아요. 넣어둔 물건의 색이나 형태가 제각각이어도 문을 닫으면 보이지 않죠. 보통 한 공간에 배치된 색이나 무늬가 지나치게 많으면, 너저분한 인상을 주고 왠지 차분해 보이지 않아요. 오픈된 선반에 예쁜 장식품이나 보여주고 싶은 잡화를 진열하는 '보이는 수납'도 좋지만, 굳이 그런 게 아니라면 문이 달린 수납공간에 넣는 편이 깔끔해 보여요.

뭔가를 장식할 때도 균형을 고려하면 좋아요. 일본에 가면 충동구매하고 싶을 정도로 예쁘고 가격도 적당한 잡화를 많이 팔죠. 나도 모르게 손이 가는 심정은 이해하고도 남아요. 다행인지 불행인지 독일에서는 마음에 드는 예쁜 물건이 그리 많지 않아서 충동구매의 위험이 적어요.

그래서인지는 몰라도 선반 위에 잡화를 아기자기하게 장식한 집은 그리 많지 않아요. 장식하는 것 자체가 나쁜 건 아니죠. 그래도 가령 마음에 드는 물건을 열 개 늘어놓으면 시선이 분산되어 어느 것도 돋보이지 않아요. 좋아하는 물건을 장식하는 이유는 생활 속에서 보며 즐기고 싶기 때문일 텐데요. 그렇다면 정말 좋아하는 것만 세 개 정도로 압축하는 게 중요해요. 그리고 그 주위에는 아무것도 장식하지 않아요. 여백을 두면 장식품의 멋도 살아나요. 몸에 액세서리를 착용할 때와 비슷하죠. 뭐든 과하게 꾸미면 하나하나의 매력이 반감된다고 생각해요.

그렇긴 해도 인테리어 취향은 사람마다 다르죠. 개인의

취향에 좋거나 나쁘거나 맞거나 틀리는 건 없어요. 집의 인테리어는 거기에 사는 사람이 마음에 들어 하면 충분합니다. 그러니 나와 가족의 마음에 들면 그게 최고겠죠.

정리는 적당히 처분은 때마다

독일의 집은 단독주택에도 공동주택에도 지하 혹은 다락방이 있어요. 1년에 한두 번밖에 안 쓰는 물건은 이런 장소에 둡니다. 수납은 누구나 관심이 높은 주제죠. 물론 수납보다 먼저 선행돼야 하는 건 불필요한 물건을 처분하는 것이죠. 고르고 고른 결과 남겨진 물건을 보관할 때는 수납 가구를 여러 개 늘어놓기보다 아예 수납 전용 공간을 만드는 편이 좋아요.

베를린의 공동주택에는 식료품 저장 공간이나 골방이 있는 집이 많아요. 수납 전용 공간은 사용 빈도가 낮거나

저희 집의 골방에는 수트케이스나 계절 가전 등을 수납해요.

방에 내놓고 싶지 않은 물건을 넣어두기에 적합해요. 제가 사는 아파트에도 침실 옆에 골방이 있어서 편해요.

일반적으로는 붙박이장이나 벽장이 수납하기에 좋은데, 이때 수납 케이스 등을 활용하여 물건을 꺼내기 쉽게 하는 게 중요해요. 그러지 않으면 물건을 넣어두기만 하고 사용하지 않기 때문이죠. 방 안에는 수납 가구를 적게 두고, 가구의 색과 높이를 맞추면 깔끔하게 정돈됩니다.

하지만 아무리 수납공간이 많아도 그만큼 소유하는 물건이 늘어나면 보관하기가 힘들죠. 어디에 무엇이 있는지

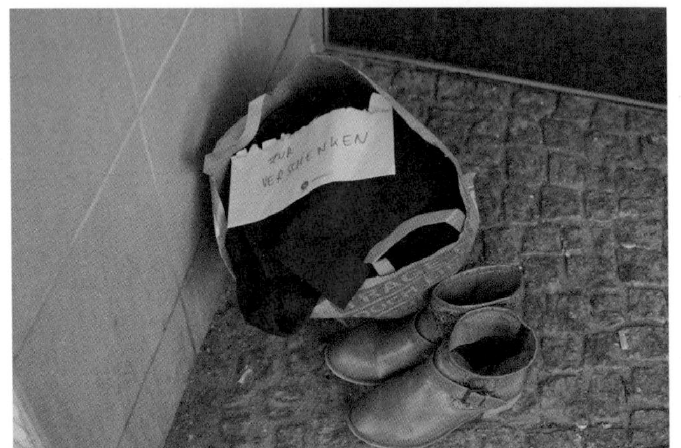

자유롭게 쓰라는 메모와 함께 아파트 앞에 놓여 있던 바구니

파악할 수 없는, 즉 관리가 불가능한 물건은 없는 것과 마찬가지예요. 영영 사용할 일이 없을 물건을 보관하는 건 공간 낭비입니다. 그렇지만 내게는 불필요한 물건이 다른 누군가에게는 도움이 될 때가 있어요.

독일인은 아무리 넓은 집에 살아도 불필요한 물건을 정기적으로 체크하고 처분합니다. 방구석이나 선반 한쪽에 불필요한 물건을 넣는 상자나 코너를 만들어 정기적으로 필요 없는 물건을 처분해요. 처분할 때는 주로 교회 등에서 하는 바자회에 내거나 자선 사업을 하는 가게에 기부합니다. 버리기에는 양심에 찔리는 물건도 이런 방식이면 기분 좋게 보낼 수 있죠. 주변에 불필요한 물건을 받아주는 단체가 있는지 한번 검색해서 찾아보면 어떨까요.

필요한 물건만 남기고 압축하면 정리정돈하기도 쉬워져요. 정리정돈을 하면 청소하기도 편합니다. 즉 우선은 불필요한 물건을 처분하고, 정리정돈을 한 뒤, 마지막에 청소를 하는 순서예요. 끊고斷 버리고捨 벗어난다離는 의미의 '단샤리'라는 단어가 이제는 널리 알려졌죠. 불필요한 물건을 내보내면 공간뿐 아니라 마음이 상쾌해지는 걸 느껴요.

제 친구는 정돈된 방에 있으면 마시는 차 한 잔의 맛도 달라진다고 하더군요. 그렇습니다. 집에서 보내는 시간의 질이 달라지는 건 바로 그런 것이라고 생각해요.

벽돌이 무척 마음에 드는 베를린의 집. 나만의 게뮈트리히한(마음 편한) 장소.

19세기 후반에서 20세기 초 지어진 독일 아파트 알트바우.

직접 꾸민 부엌. 민트색으로 벽면에 포인트를 주고 코르크로 창밖으로 날아가는 작은 새를 만들어두었다.

아파트 입구에 달려 있는 샹들리에.

직접 도배한 침실. 차분하고 따스한 분위기.

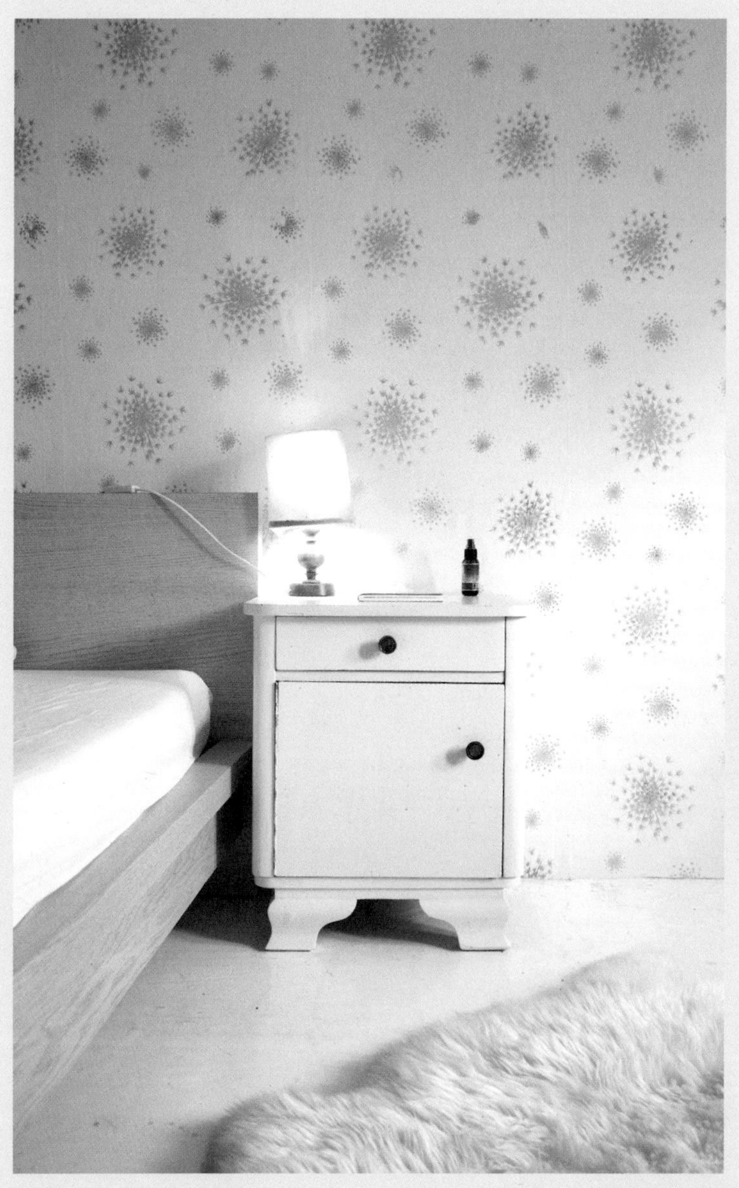

das Essen

Kapitel 4

먹기

아침은 황제, 점심은 왕,
저녁은 거지처럼

제가 처음 독일 친구과 연을 맺은 건 초등학교 6학년 때였어요. 당시에 다닌 학교는 오전에 수업이 끝났어요. 점심이 되면 식당에서 친구들과 밥을 먹은 뒤 집에 돌아가는 게 하루의 일과였죠. 점심식사는 식권제였고, 메뉴는 매일 한 종류였다고 기억해요. 일본의 초등학교처럼 교실에서 학생이 배식을 하는 게 아니라, 일반적인 셀프 서비스 식당처럼 아이들이 식판을 들고 카운터를 지나가면, 식당에서 일하는 분들이 음식이 담긴 접시를 식판 위에 놓아주는 방식이었어요. "곁들인 채소는 빼주세요!"라고 부탁하던 아이들이 많았던 기억이 나요.

점심 메뉴는 삶은 소시지가 들어간 완두콩 스프—싫어했어요—나 채소와 저민 고기를 소고기로 말아 구운 요리와 으깬 감자—좋아했어요— 등 항상 따뜻한 음식이었어요. 그래서 저는 독일에서는 저녁에도 따뜻한 요리를 먹을 것이라 짐작했어요. 현지의 같은 반 친구들과 함께 어울렸다고 독일의 식생활을 다 이해했다는 착각을 했죠.

학교에서 돌아오면 집에는 부모님과 여동생이 있었죠. 거주 공간은 독일집이었지만 그곳에 사는 사람은 일본인이었어요. 저희 가족은 일본에 있을 때와 똑같은 라이프스타일로 살고 있었죠. 식생활도 마찬가지였어요. 아침과 저녁은 밥에 된장국에 반찬이었어요. 독일에 살면서도 지극히 일본풍의 식생활을 했죠.

그러다가 언제였는지 모르겠는데 독일인은 보통 저녁식사로 빵에 치즈와 살라미 등을 얹어 먹으며, 불을 사용하지 않는다는 사실을 알게 됐어요. 저희 어머니는 삼시 세끼 따뜻한 식사를 만들어 주셨고 제겐 그게 당연했기에, 독일의 단출한 저녁 식사를 알았을 땐 솔직히 말도 안 된다고 생각했어요.

독일에는 '아침은 황제, 점심은 왕, 저녁은 거지처럼 먹는다.'라는 속담이 있어요. 아침식사는 호화롭게 이것저것, 점심식사는 조금 화려하게, 저녁식사는 간소하게 조금만 먹는다는 뜻이에요.

독일의 전통적인 식생활에서는 따뜻한 음식은 점심에 먹었어요. 최근에는 라이프스타일이 바뀌어서 꼭 그렇지만은 않지만, 그래도 제가 들은 바로는 적어도 절반 정도의 가정에서 저녁식사로는 무언가를 얹은 빵을 먹어요. 이런 식사를 독일어로 칼테스 에센Kaltes Eessen이라고 해요. 직역하면 '차가운 음식'인데 물론 식은 음식이 아니라, 불로 조리하지 않은 음식을 말해요. 독일 빵에 버터나 페이스트를 바르고 치즈나 햄, 살라미, 얇게 자른 소시지 등을 얹은 오픈 샌드위치라고 하면 이해하기 쉬울 거예요.

저는 칼테스 에센의 존재를 알고 나서 꽤 시간이 흐른 뒤에도 '말도 안 돼, 그런 저녁은 먹은 거 같지도 않을 거야.'라고 생각했어요. 그런데 어느 날 이런 대화를 나누게 됐어요. 제 마음속에 아마도 칼테스 에센은 저녁식사라 할

햄과 치즈, 빵이 세트로 나오는 카페의 조식.
저녁식사도 거의 같아요.

수 없다는 생각이 있었는지, 독일 사람에게 "일본에서는 저녁에 반드시 따뜻한 요리를 먹고, 게다가 가짓수도 여러 개예요."라고 말했어요. 무의식적으로 '일본인은 미식가예요(독일인과는 달라요.)'라고 자랑했던 것 같아요. 그런데 의외의 대답이 돌아왔어요.

"그렇게 많이 먹으면 위가 더부룩해서 잠잘 때 괴롭지 않아요?"

그때까지 한 번도 생각해본 적이 없었어요. 하지만 듣고 보니 확실히 그랬던 때가 꽤 있던 것 같아요.

원래 저는 요리하기를 별로 좋아하지 않아요. 번거롭다고 여길 때가 많고 그냥 사먹는 날도 꽤 있어요. 그런데도 지금까지의 습관에서 '저녁 식사는 따뜻한 요리'라는 선입견을 한 번도 의심해보지 않았던 거죠.

정성스러운 요리와 심플한 한 끼 사이

최근 일본도 정성스러운 살림을 동경하던 풍조에서 벗어나 집안일을 좀 더 간소화하는 방향으로 바뀌고 있어요. 여성이 일하는 게 당연한 시대인데도 집안일이나 육아를 여자가 할 일로 여기는 사람이 남녀 불문하고 존재해요.

물론 정답이 따로 있는 건 아니기 때문에 각각의 가정에 따라 최선의 방법을 찾으면 돼요. 하지만 여성이 일을 하면서 모든 집안일과 육아를 혼자 하는 건 무리죠. 그래서인지 '집안일은 적당히', '대충하는 집안일'이라는 말이 최근 일본 미디어에 자주 등장하고 있어요.

저는 근무시간이 따로 없는 프리랜서이고 베를린에서는 혼자 살고 있으니 저만 생각하며 생활하면 돼요. 그런데도 때때로 식사 준비가 귀찮다고 느껴요. 홀가분한 신세인 저조차 이렇게 생각하는데, 매일 회사에서 일하고 가족의 식사를 준비하며 육아까지 하는 사람은 대체 얼마나 힘들까요.

독일인은 일본인에 비해 청소는 중시하지만 요리에는 그렇게 수고를 들이지 않아요. 이런 경향이 저녁식사의 칼테스 에센에 고스란히 드러나요. 조리하지 않고 빵과 버터, 치즈 등의 식재료를 늘어놓기만 하면 돼요. 그래서 준비도 정리도 간단해요. 아이도 충분히 도울 수 있죠.

다만 칼테스 에센을 그대로 따라하면 된다는 건 아니에요. 독일에 비하면 햄이나 치즈가 비쌀 테고, 나라마다 맛있고 싼 식재료가 다르니까요. 불을 사용하지 않는 저녁식사에 거부감도 들 수 있죠. 하지만 저는 독일의 심플한 식생활을 알고 난 뒤로는 요리에 지나친 시간과 정성을 안 들여도 된다고 생각하게 됐어요.

물론 이제까지의 식습관이 있으니 저녁에는 역시 따뜻한 음식이 먹고 싶어요. 그래도 매일 저녁마다 밥에, 국에, 메인 반찬에, 밑반찬까지 다 차리지는 않아요. 요즘에는 저녁식사로 건더기 많은 국과 밥을 주로 먹어요. 덥고 식욕이 없는 날에는 독일식 칼테스 에센을 즐깁니다.

이렇게 새로 들인 식습관 덕분에 저는 식재료 자체의 맛을 즐길 수 있게 됐어요. 식재료는 일주일에 이틀 열리는 길모퉁이 시장이나 슈퍼마켓에서 사는데, 채소도 과일도 고기도 재료 자체가 가진 맛이 정말 풍부해요. 당근은 특유

의 풋내가 물씬 풍기고, 사과는 단맛뿐 아니라 산미가 있어요. 제철 재료는 맛이 더 진하게 느껴져요. 고기 역시 맛이 풍부해서 조금만 먹고도 만족할 수 있을 정도예요.

가게 앞에서 제철 채소나 과일을 발견하면 기뻐서 이것저것 손이 가요. 봄부터 초여름에는 슈파겔(하얀 아스파라거스). 여름이 다가오면 새빨간 딸기와 물오른 복숭아. 딸기와 복숭아가 끝물인 무렵에는 피퍼링(꾀꼬리버섯)이라는 버섯이 등장해요.

슈파겔은 껍질을 벗긴 뒤 벗긴 껍질과 소금, 설탕, 버터를 넣고 끓인 물에 데치면 끝. 데친 슈파겔에 버터와 노른자로 만든 올랑데즈 소스를 곁들이는 사람도 있는데, 저는 그냥 시판용 마요네즈나 맛간장을 찍어 먹어요. 슈파겔을 데친 물은 껍질만 버리고 소금과 후추로 간을 하여 스프로 만들면 또 하나의 일품요리가 완성돼요. 딸기와 복숭아는 그대로 먹는 게 가장 맛있어요.

피퍼링은 표면의 오염물을 천으로 털어내고 잘게 썰어 양파와 함께 볶아요. 저는 주로 마지막에 소금과 후추를 뿌리고 생크림과 함께 먹어요. 피퍼링의 은근한 산미와 양파

레스토랑에서 구운 생선과 함께 나온 슈파겔.
5월이 되면 어김없이 먹어요.

의 단맛, 생크림의 감칠맛이 절묘하게 어울리는 데다 탱글탱글한 식감까지 즐길 수 있는 요리예요. 파스타 소스로도 제격이에요.

어느 재료든 데치거나 볶기만 할 뿐. 복잡한 과정은 하나도 없어요. 그런데도 정말 맛있어요. 지나치게 공들인 소스나 조리법은 재료 본연의 맛을 오히려 해치는 듯해요. 적어도 집에서는 그렇게까지 할 필요는 없지 않나 싶어요.

이런 심플한 요리를 계속하다보니 언제부턴가 스트레스를 거의 느끼지 않게 됐어요. 식욕이 나거나 시간이 있을 때는 다양한 요리를 만들어 먹으며 기쁨을 느껴요. 기력이 없을 때는 간단한 스프나 남은 음식을 활용해 먹고요. 그걸로 충분해요.

이제까지 저 혼자 먹으려고 조리하는 데 너무 많은 시간과 노력을 들이지 않았나 싶어요. 하루 24시간 중 무엇에 얼마만큼의 시간을 들일지는 내가 정한 우선순위 나름이죠. 그것만 정해놓으면 내 행동을 수긍할 수 있어요. 그 결과 스트레스가 상당히 줄어들어요.

빵의 나라,

소시지의 천국

독일은 빵의 나라예요. 빵의 종류가 세계에서 가장 많다고 할 정도죠. 크고 작은 다양한 빵을 합치면 그 종류가 3천여 종이 넘는다고 해요. 독일 빵은 새하얗고 폭신폭신한 식빵과는 전혀 달라요. 독일에도 밀가루만 사용한 흰 빵이 있지만, 반죽이 촘촘하고 식감이 단단해요. 빵의 종류는 지역마다 차이가 있는데, 베를린에서는 주로 밀가루와 호밀을 섞은 빵이 많아요. 크기가 큰 빵은 1킬로그램짜리를 덩어리로 팔아요. 빵집에서 반으로 잘라 살 수도 있고, 슈퍼에서는 250그램이나 500그램씩 미리 썰어놓은 빵을 살 수 있어요. 호밀 100퍼센트인 빵도 있어요. 어느 빵이든 씹으면 곡물의 풍미가 느껴지고 독일 빵의 은근한 맛이 입 안 가득 스며들어요.

겉에 해바라기나 단호박 씨앗이 뿌려져 있거나 견과류나 말린 과일이 들어있는 빵도 인기예요. 독일 빵은 단 빵을 제외하고는 대체로 버터나 페이스트를 발라 치즈나 살라미 등과 함께 먹는 식사용 빵이에요.

독일인은 씹는 맛이 있는 독일 빵을 무척 좋아해요. 일본을 여행한 독일 사람들은 자주 "일본 빵은 너무 부드러워서 과자 같아. 독일 빵이 그리워."라고 우는 소리를 해요. 일본인이 식사할 때 쌀이 없으면 허전하듯 독일인도 독일 빵이 없으면 기운이 빠지는 모양이에요.

독일 하면 소시지를 떠올리는 분도 많을 거예요. 소시지, 햄, 살라미 등 식육가공품도 정말 다양해서 슈퍼마켓 벽의 한 면을 소시지와 햄이 차지하기도 해요. 보통 소시지는 굽거나 데쳐 먹기 마련인데, 독일에서는 햄처럼 얇게 썬 소시지나 빵에 발라 먹는 페이스트 형태의 소시지도 있어요. 이처럼 여러 종류의 빵과 식육가공품, 거기에 역시 다양한 유

(위) 독일 빵은 얇게 썰어서 다양한 식재료를 바르거나 얹어 먹어요.
(아래) 유기농 빵집. 감칠맛 나는 통밀빵을 살 수 있어요.

벼룩시장에서 산 독일제와 프랑스제 접시

제품을 조합하면 맛의 범위가 한없이 넓어져요.

칼테스 에센은 이런 식재료를 늘어놓기만 할 뿐이에요. 이렇게 말하면 뭔가 대충 먹는 것처럼 들리겠지만, 훌륭한 성찬이 되기도 해요.

예전에 저녁식사 초대를 받아 지인의 집을 방문했을 때의 일이에요. 기대하며 갔더니 몇 종류나 되는 햄과 치즈, 페이스트, 자른 파프리카와 오이가 식탁에 가득했어요. 초대 받은 저녁 자리에 칼테스 에센이 나온 건 처음이라 좀 놀랐지만, 각자 좋아하는 걸 접시에 담아 빵과 함께 먹는 모습을 보니 많은 사람이 모일 때는 합리적이겠다는 생각이 들었어요. 식재료는 다양하게 준비하지만 조리할 필요가 없고, 채식주의자도 먹을 수 있으며, 보기에도 화려해 보여요. 손님도 자기 페이스에 맞게 먹을 수 있고요.

보기 좋게 담으면 멋진 분위기도 낼 수 있어요. 아는 지인은 집을 수리하러 온 기능공에게 점심 식사를 차려줬는데, 원목으로 된 빵 도마에 패키지에서 꺼낸 햄과 치즈를 마치 손수건을 슬쩍 떨어뜨린 형태로 담았어요. 토마토와 오이, 빵도 곁들이고 마지막에 통후추를 갈아서 훌훌 뿌려

완성. 간단한데도 왠지 멋지고 근사했어요. 독일에 살지 않더라도 홈 파티에서 충분히 해볼 만한 방식인 것 같아요.

접시라고 하면 보통은 둥근 형태를 떠올리죠. 하지만 저는 타원형 접시를 애용해요. 친구를 집에 부르면 타원형 접시에 요리를 담아 테이블에 늘어놓고, 작고 둥근 개인 접시에 각자 좋을 만큼 가져다 먹는 방식으로 해요. 타원형 접시는 적당히 세련된 분위기가 나서 매력적이에요. 한 가지 요리를 가득 담아도 좋고, 여러 종류의 간단한 요리를 조금씩 올려도 훌륭해 보여요. 여러모로 쓰기 편하기 때문에 벼룩시장 등에서 발견할 때마다 구입해요. 크고 작은 걸 합쳐 지금은 여섯 개 정도 쓰고 있어요.

실은 독일의 디너에서는 요리를 작은 개인 접시에 나누지 않아요. 대개는 각자 커다란 둥근 디너 접시에 담긴 요리를 먹어요. 하지만 저는 일본 가정의 저녁식사 때처럼 개인 접시를 써서 일본의 분위기도 즐기도록 하고 있어요.

가족과 함께 식후 보드게임 한 판

'보통 저녁식사를 하며 단란한 시간을 보내는데, 그렇게 빨리 마치면 느긋하게 얘기하기 어렵지 않나'라고 생각할지도 모르겠네요. 하지만 가족이 단란하게 보내는 시간은 따로 있어요.

독일 사람은 보드 게임을 좋아해요. 독일인 가정을 방문하면 거실 선반에 보드 게임 상자가 가득 쌓여있는 모습을 자주 봐요. 저녁식사는 간단히 마친 뒤, 식탁에 보드를 펼치고 가족 모두 게임을 즐겨요.

열흘 정도 머물렀던 프랑크푸르트 교외에 있는 집도 그

랬어요. 저녁 일곱 시쯤 되자 아이들이 냉장고에서 치즈와 슬라이스 소시지가 들어있는 통을 꺼내 빵과 함께 식탁에 가져옵니다. 각자 좋아하는 걸 빵에 얹어 먹고, 30분도 안 돼 저녁식사가 끝나요. 사용한 나이프와 접시를 부엌의 식기세척기에 넣고 나면, 모두 모여 게임을 하는 시간이에요. 대개는 바둑판 위에 체스 말 같은 걸 움직여 질문에 답하는 형태예요. 아이용 게임이기는 해도 지식과 사고력이 요구돼요. 답을 생각하는 과정에서 부모가 아이에게 충고를 해주기 때문에 학습과 단란함을 함께 도모하는 시간이라고 느꼈어요. 저도 거의 매일 저녁 게임에 참가했지만, 아이들에게 보기 좋게 완패만 당했어요. 사고력도 독일어 능력도 상대가 안 됐죠.

여담이지만 독일인은 매사를 논리적으로 생각하는 데 정말 능해요. 학교에서 뿐만 아니라 가정에서도 게임 등을 통해 사고력을 기르도록 늘 훈련하기 때문인 듯해요.

그리고 일반적으로 다이닝 룸에는 텔레비전을 놓지 않아요. 텔레비전은 거실의 소파 맞은편에 있는 게 보통이죠. 텔레비전을 보며 식사하는 일은 거의 없으니까요.

평일과 주말 식탁은 강약 중간약

독일은 일본에 비해 요리에 드는 수고가 압도적으로 적지만, 요리하기를 좋아하는 사람은 많아요. 그런데 이야기를 잘 들어보면 따뜻한 요리는 일주일에 2~3일 정도 만든다고 해요. 평일 저녁마다 매일 같이 만들지는 않아요. 언제 요리를 하냐 하면 바로 주말이에요. 독일에서는 일요일에 슈퍼마켓이나 가게가 쉬기 때문에, 토요일에 재료를 대량으로 사서 따뜻한 요리나 공들이는 레시피에 도전합니다. 곡물 가루를 빻는 단계부터 시작하여 수제 빵을 굽는 사람도 있어요.

즉 일상적인 집안일로 요리를 한다기보다 취미나 즐거움이라고 하는 게 적합해 보여요. 일본에서도 최근 주말에 만들어놓는 요리가 주목받고 있는데, 그건 어디까지나 평일의 수고를 덜기 위한 실용적인 집안일이죠. 독일의 주말 요리는 그런 게 아니라, 휴일의 즐거움 혹은 기분전환이며 요리 자체를 즐기는 듯해요.

평일과 주말에 강약을 둔 식사는 심리적으로도 시간적으로도 이점이 많은 것 같아요. 평일에는 간단히 먹기로 하면, 조리에 드는 시간이 짧아지고 스트레스도 줄어요. 대신 휴일에는 호화롭고 다양하게 만들어 요리하는 것 자체를 즐기고 식사를 음미해요. 평일의 식생활이 심플하면 주말의 진수성찬이 한층 더 감사하게 느껴지는 것도 또 하나의 장점이라 할 수 있어요.

남성과 아이가 함께 요리하는 건 드문 광경이 아니어서, 주말이면 가족이 모두 요리를 하며 보내는 집도 있어요. 아이들은 음식을 만드는 습관을 몸에 익혀가겠죠. 강약이 있는 식생활은 가족 모두에게 바람직하다고 생각해요.

도시락은 꾸미는 게 아니라 먹는 것

독일에서는 학교도 회사도 아침 일찍 시작하기 때문에, 그만큼 빨리 귀가하고 싶어 하는 사람이 많아요. 대부분의 사무실이 플렉스 타임제를 도입하고 있고, 요일에 따라 출근 시간을 조정할 수 있어요. 아침잠이 많은 저로서는 믿을 수 없지만, 오전 여덟 시에 하는 회의도 그리 드물지 않은 듯해요. 공사나 수리 일에 종사하는 사람은 더 빨리 시작해요. 저희 집 비품이 망가졌을 때 기능공이 아침 일곱 시에 오겠다고 해서, 전날 밤에 알람을 맞추고 긴장하며 잠자리에 든 적도 있었죠.

하루의 시작이 이른 탓인지 학교에서 조식을 먹는 학생들도 있어요. 오전 중에 짧은 식사 휴식 시간이 있는데, 가져온 도시락을 그때 가방에서 꺼내 공복을 채웁니다. 그러니까 아이들이 지참하는 도시락은 점심식사용이 아니라 점심때까지 허기지지 않기 위한 것이죠.

프랑크푸르트 교외에 있는 집에 머물렀을 때, 그 집 아이가 다니는 초등학교를 견학할 기회가 있었어요. 2교시가 끝나고 식사 휴식 시간이 되자, 아이들은 재빨리 도시락을 책상 위에 꺼내 짧은 식사를 시작했어요. 내용물이 궁금했던 저는 아이들에게 다가가 뭘 싸왔는지 들여다봤어요.

우선 빵에 치즈 등을 끼운 샌드위치가 눈에 들어왔어요. 사과가 통째로 하나. 바나나 한 개. 껍질을 벗긴 오렌지. 방울토마토. 대개 이 정도였던 것 같아요. 샌드위치는 단지 뭔가를 끼워 넣기만 한 심플한 형태가 많았는데, 개중에는 따뜻한 샌드위치나 갖가지 재료를 가득 넣은 샌드위치를 가져온 아이도 있긴 했어요. 물론 일본 엄마들이 공들여 준비하는 캐릭터 도시락 같은 건 없었어요. 전체적으로 저녁식사와 마찬가지로 매우 심플했어요. 뭔가 요리라기보다 식재료를 그대로 가져온 듯한 느낌이에요. 하지만 재료 자체가 맛있으니 그걸로 충분하다고 생각해요.

시럽과 잼과 케이크는 찬장에 가득히

독일인의 일상적인 조리는 지극히 단순하지만, 직접 빵이나 과자를 굽고 잼이나 시럽을 만드는 사람은 많아요. 예전에 어느 독일인 여성의 집에 놀러 가서 "홀룬더 시럽(딱총나무 꽃을 끓여 만드는 단맛의 시럽)을 좋아해서 자주 사 먹어요."라고 말하자, 그 여성은 놀라며 "산다고요? 그건 만들어야죠."라더니 제가 돌아갈 때 수제 홀룬더 시럽을 한 병 줬어요.

또한 독일의 부엌에 대한 책을 쓰느라 수십여 가정을 방문해 부엌 찬장과 서랍을 체크해 봤는데, 어느 집이든 반드시 제과 도구가 있던 점이 인상에 강하게 남았어요. '독일에서는 조리보다 제과가 중요하구나'라고 놀란 기억이 나요.

제겐 과자나 잼을 직접 만드는 게 일상적인 조리보다 난이도가 높은 작업이에요. 따뜻한 저녁식사는 매일 만들 수 있어도 케이크 같은 걸 만들려는 생각은 들지 않아요. 홈베이킹이나 수제 잼 만들기에 대한 독일인의 열정에는 감탄만 나와요. 이건 단순히 나라의 식습관 차이일까요. 독일인의 주식은 빵이고, 빵을 먹으려면 잼도 필요합니다. 독일 사람들은 과자도 참 좋아해요. 그러고 보면 독일인이 일상적으로 먹는 잼을 직접 만드는 건 마치 우리가 밑반찬을 만드는 것과 비슷한 개념이 아닐까 싶어요.

잼이나 케이크 만들기는 독일인이 무척 좋아하는 정원일과도 관련이 있어요. 집이 단독주택이면 대개 정원이 있고, 아파트에서 살면 시민 농원을 빌리거나 발코니에서 꽃과 과일을 키워요. 정원에서는 대표적으로 라즈베리나 사과, 자두 등을 재배해요. 제철이 되면 색이 곱게 물든 열매들이 나뭇가지가 휠 정도로 여물어요. 너무 많아서 따고 또

따도 감당이 안 돼요. 매일 부지런히 먹어도, 이웃에게 나눠줘도 다 먹기가 무리일 정도죠.

그래서 잼으로 만들거나 케이크에 사용해요. 잼은 많이 만들어 유리 용기에 밀봉해두면 장기 보존할 수 있어요. 독일 부엌의 식료품 저장 공간에는 대개 수제 잼 병이 즐비해요. 인터넷에서도 쉽게 살 수 있는 웩WECK이라는 유리 밀폐 용기가 바로 독일산이에요. 독일 가정에서 잼을 비롯

클라인 가르텐의 사과로 만든 케이크(쿠헨)

한 보존 식품을 일상적으로 만든다는 사실을 간접적으로 증명해주죠.

수제 케이크의 맛은 친구 집에서 알게 됐어요. 가정에서 만드는 케이크는 반죽 위에 자른 과일을 늘어놓고 오븐에서 구워내기만 하면 완성이에요. 독일어에는 케이크를 나타내는 말로 '쿠헨Kuchen'과 '토르테Torte'가 있는데, 전자는 그냥 굽기만 한 케이크를 뜻해요. 생크림이나 초콜릿으로

클라인 가르텐의 서양배. 머지않아 맛있는 케이크로…….

예쁘게 장식한 건 후자예요. 생일 케이크처럼 특별한 경우를 빼면 가정에서 만드는 건 쿠헨이에요. 그 쿠헨 위에 정원에서 딴 사과나 자두 등의 과일이 놓이죠. 이렇게 구운 쿠헨은 단맛은 아주 적고, 과일의 은은한 산미가 입 안에 퍼져요. 독일인은 케이크에서도 역시 식재료 자체의 맛을 느낍니다.

독일 음식의 본질적인 맛은 이런 소박함에 있다고 생각해요.

내가 키운 과일로 케이크를 굽고, 가족이나 친구들과 차 한 잔을 마시며 시간을 즐긴다. 이 얼마나 풍요로운 생활인가요. 작물을 기르는 단계부터 케이크를 만드는 과정과 티타임에 이르기까지 모든 작업이 내게 즐거움을 주고, 그런 시간과 일상이 삶을 알차게 만듭니다. 게다가 돈은 얼마 들지 않아요.

유명 파티셰의 고급 케이크를 먹는 것과는 정반대의 방향성이, 다른 종류의 풍족함이 독일 생활에는 있습니다. 금전과는 전혀 관계없는 매일 매일의 여유. 제가 베를린에서 많은 사람과 접하면서 배운 가치관이에요.

맛있는 건 둘째 치고 안전한가요?

독일인이 채소나 과일을 기르는 건 단순히 즐거워서가 아니라 다른 이유도 있어요.

독일에서는 유기농 식품 전문점이나 전문 슈퍼마켓이 인기예요. 엄격한 기준을 정해놓은 대규모 유기농 생산 단체도 있습니다. 독일인은 환경 문제에 민감한 국민이라고들 하는데, 음식에 대해서도 안전성을 중시하는 경향이 많아요. 미식보다는 식품의 안전에 관심을 기울이는 점이 독일의 특징이라고 할 수 있어요.

스스로 작물을 기르면 더할 나위 없이 안심이 되죠. 그런 생각으로 정원이나 시민 농원에서 유기 재배를 하는 사람이 많아요.

“재료부터 조리까지 전부 내 손을 거치면 이상한 게 들어갈 리 없으니까 안심이 돼요.”라는 말을 자주 들어요.

유기농은 안전성 이외에도 여러 측면이 있어요. 우선은 환경 문제. 독일에 있는 몇 가지 유기농 기준 중에 가장 느슨한 것이 EU 기준이에요. 구체적으로는 화학 비료 사용 안하기, 1헥타르 당 동물 사육 수의 상한 설정, 유전자 조작 기술 금지 등의 항목이 있어요. EU의 유기농 인증 마크가 붙어있으면, 이 기준을 통과한 농작물과 가공식품이라는 증거예요. 이 외에도 각 유기농 단체의 더 엄격한 독자적인 기준도 있어요. 환경을 지키고 싶다, 동물을 보다 좋은 환경에서 키웠으면 한다는 바람에서 유기농 식품을 고른다는 의견도 있어요.

아울러 맛도 좋아요. 모든 유기농 식품이 그런 건 아니지만, 아무래도 맛이 풍부하고 자연 그대로의 맛이라고 생각해요. 저는 일부 식품을 유기농으로 사는데, 맛이 좋기 때문이에요.

앞서도 말했지만 식재료 자체가 맛있으면 사람 손을 그리 들일 필요가 없어요. 재료를 제대로 고르면 별로 수고를 들이지 않고도 맛있는 음식을 먹을 수 있어요. 조리의 부담을 덜면 스트레스도 줄어들고 생활을 쾌적하게 꾸려나갈 수 있습니다.

유기농 농가와 가게가 실린 무료 책자

싱싱한 과일은 그대로 먹는 게
가장 맛있다는 걸 독일에 와서 새삼 깨닫는 중.

나무 도마에 햄과 치즈를 보기 좋게 담기만 해도 멋진 일품요리.

독일인은 제철의 맛을 즐긴다.
여름부터 가을 사이에는 피퍼링이라 부르는 꾀꼬리버섯이 최고.
크림소스와 잘 어울린다.

점점 독일식으로 바뀌는 식사 스타일.
정성과 수고를 들이지 않아도 나를 위한 한 끼가 되는 칼테스 에센.

어느 집이나 부엌 찬장마다 빼곡하게 채워놓는 과일 잼.

정성 들여 졸이고 졸인 달콤한 맛.

die Kleia

Kapitel 5

입기

내 몸이 예쁜 옷보다 편한 옷이 최고

의식주 중에 독일 사람들이 제일 가볍게 생각하는 건 '의'가 아닐까 싶어요. 좋은 건지 나쁜 건지는 모르겠지만, 저는 독일에 살면서 옷이나 화장에 점점 신경을 쓰지 않게 됐어요. 제가 사는 베를린은 특히 캐주얼한 분위기여서, 여성은 거의 맨 얼굴에 티셔츠나 니트, 스키니진을 입고 운동화나 부츠를 신는 스타일이 일반적이에요. 한여름이 아닌 계절에는 여기에 숄이 추가돼요. 학생도 직장인도 대개 비슷한 캐주얼 스타일이고, 사무실에서도 그런 모습으로 일하죠. 정장을 입고 일하는 사람은 은행원이

(위) 독일의 패션은 캐주얼이 기본.
(아래) 숄은 한여름을 제외하면 사계절 걸치는 필수 아이템.

나 변호사 등 남녀 모두 일부 직종에 한정되기 때문에 보기 드물어요.

독일인이 성별에 관계없이 압도적으로 많이 입는 옷은 뭐니 뭐니 해도 바람막이에요. 독일은 여름에도 아침저녁으로 서늘한 데다, 독일 사람들은 가랑비 정도에는 모자를 뒤집어 쓸 뿐 우산은 쓰지 않아요. 바람막이는 그런 독일 환경에 잘 맞는 듯해요.

물론 캐주얼을 입는지 정장을 입는지와 멋쟁이냐 아니냐는 다른 문제죠. 캐주얼하면서 멋진 사람도, 그렇지 않은 사람도 있어요. 솔직히 베를린에는 놀라서 되돌아볼 만큼 멋쟁이인 사람은 전체의 10퍼센트도 안 돼요. 대부분은 지극히 평범한 캐주얼 차림이에요. 일상복을 입어도 그럴 듯해 보이는 이유는 팔다리가 길기 때문인지도 모르죠.

이런 이유로 저는 독일로 여행을 오는 일본 친구에게는 반드시 "일본보다 몇 단계는 편한 차림으로 와!"라고 조언해요. 특히 치마를 입고 살색 스타킹에 구두를 신는, 일본 여성들이 일반적으로 입는 스타일은 독일에 없어요. 그렇게 입으면 눈에 띄어서 소매치기의 표적이 되기 쉽죠.

이상희

독일 여성복에는 레이스와 리본과 프릴이 없다

독일 여성 옷에는 리본, 레이스, 프릴이 달린 디자인이 적어요. 여성스러운 디자인은 독일에서는 인기가 없어요. 남녀 불평등을 느끼는 독일 여성이 다수 존재하기 때문이 아닌가 싶어요. 독일 사회에도 성차별이 있다고 말하는 여성이 많고, 실제로 그런 예를 자주 들어요. 남성만큼 버텨야 한다, 여성스러움은 마이너스라는 의식이 작용하여 옷에도 나타나는 것 같아요.

일본에서는 성인 여성이 리본 장식을 해도 귀엽다는 말을 듣지만, 독일에서는 아이 같다고 여겨지기 쉬워요. 일본어의 '귀엽다'는 표현은 상당히 광범위하게 쓰여서 '근사하다, 사랑스럽다, 매력적이다'라는 뜻을 포괄하지만, 독일에서는 어른에게는 사용하지 않는 표현이에요.

독일 여성들의 이런 합리적인 자세는 쇼핑을 할 때도 드러납니다. 독일에 사는 친구들에게 언제 옷을 사느냐고 물었더니 퇴근길에 옷가게를 둘러보거나 인터넷 쇼핑을 이용한다고 했어요. 고르는 디자인도 대개 기본적인 스타일이에요.

어떤 가게에서 옷을 사는지는 나이나 개성에 따라 천차만별이에요. 일본에서는 자기 나이와 각 브랜드의 타깃 연령층이 맞는지 신경 쓰는 사람도 많은데, 독일인은 그런 점은 별로 고려하지 않고 자기 마음에 드는 옷을 삽니다. 어디까지나 자신의 취향대로 고르는 거죠.

학생들은 쓸 수 있는 돈이 한정적이어서 패스트 패션을 자주 이용해요. 독일의 대도시 여기저기에 H&M이나 ZARA가 눈에 띄는 걸 보면 그 인기를 짐작할 수 있어요.

베를린에서는 중고 옷도 인기예요. 돈이 없어서라는 이유도 있겠지만, 일부러 중고 옷으로 멋을 낸다는 이유가 더 클 거예요. 중고 옷의 장점은 지금은 손에 넣을 수 없는 디자인의 옷을 살 수 있다는 데 있죠. 복고풍 모양이나 특정 시대에 유행한 실루엣을 입고 싶다면 중고 옷을 고르게 돼요. 중고 옷을 패스트 패션 브랜드의 옷과 잘 조합하여 입는 사람을 보면 그 센스에 감탄해요. 베를린에는 독일의 다른 도시에 비해 값싼 옷을 매력적으로 입는 멋쟁이가 종종 눈에 띄는데, 아무래도 창조적인 분야에 종사하는 사람이 많기 때문이겠죠.

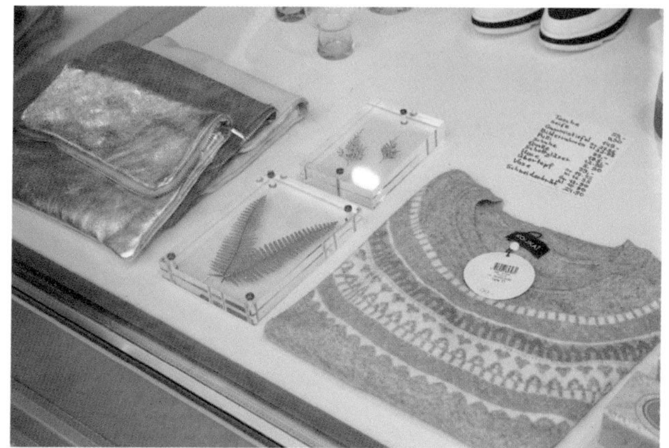

편집 숍의 옷과 잡화의 구성은 좋은 것 같아요.

저는 독일에서는 옷을 별로 사지 않아요. 솔직히 말하면 독일 브랜드의 옷을 사지 않아요. 제가 몸집이 작아서 사이즈가 안 맞는 이유도 있지만, 그보다는 디자인의 문제가 커요. 쇼윈도를 보고 괜찮다고 생각한 옷은 대개 프랑스 브랜드예요. 독일 옷은 제 감성에 딱 와 닿지 않아요.

독일 디자이너의 브랜드는 여러 가지가 있는데, 대체로 예민한 예술가적 느낌의 디자인이 많아요. 옷을 디자이너의 사상이 반영된 작품으로 여기는 분위기고, 색상도 검은색이나 회색 등 무채색 중심이에요.

제가 하늘하늘한 디자인을 좋아하는 건 아니지만, 실루엣이나 소재에 좀 더 섬세함이 있었으면 좋겠어요. 독일 옷은 기능성이나 사상 등 논리적 사고를 중시하는 듯하고 아무래도 감정이 결여되어 있어요. 독일인은 건축이나 자동차 등 규모가 큰 분야의 디자인은 잘하지만, 패션 디자인으로 넘어가면 이야기가 달라져요. 저는 합리적인 것에는 정서가 부족하지 않나 생각하곤 하는데, 옷을 보면 독일인의 합리적인 측면이 고스란히 드러난다는 느낌을 갖지 않을 수 없어요.

쇼핑은 선거처럼

독일인의 패션은 기본에 충실해서 매년 새로운 옷을 입어야 한다는 감각이 없는 듯해요. 독일의 대도시에는 어김없이 패스트 패션 가게가 있는 반면, 좋은 물건을 오래 쓰자는 의견도 폭넓게 자리 잡고 있어요. 일회용은 환경에도 안 좋으니 물건을 최대한 오래 사용하자는 생각이죠. 그런 제품은 디자인도 크게 유행을 타지 않아요. 1년 지났다고 진부해 보이지 않기 때문에 몇 년이고 계속 쓸 수 있어요.

독특한 것은 쇼핑할 때 기업의 자세를 중시한다는 거예

요. 실제로 "난 그 브랜드가 마음에 들어."라는 말보다 "난 그 기업을 지지하지 않아."라는 말을 자주 듣곤 합니다. 노동자를 부당한 환경에서 일하게 했다는 뉴스가 보도되면, 그 기업의 제품을 불매하는 경우가 많아요. 저도 그런 사고방식의 영향을 받아 언제부턴가 '쇼핑은 선거'라고 생각하게 됐어요. 한정된 예산 안에서 기업의 자세를 최대한 응원하며 취향에도 맞는 제품을 고른다면, 쇼핑도 하나의 권리로 행사할 수 있으니까요. 이렇게 뭔가에 쫓겨 맹목적으로 사는 게 아니라 필요한 것만 골라 구입하는 것에서도 자기만의 기준을 세우고 행동하는 독일인의 라이프스타일을 엿볼 수 있죠.

반면 일본은 어떤가요. 잡지나 인터넷에는 매 시즌 유행 아이템과 신제품 뉴스가 가득 쏟아집니다. 패션에 대한 정보가 넘쳐흐르고 사람들도 패션을 중시하는 듯이 보여요. 그러니 독일처럼 늘 티셔츠에 청바지 차림일 수는 없겠죠. 하지만 정보가 지나치게 많은 점이 오히려 스트레스가 될 수도 있어요.

그렇기 때문에 패션에서도 역시 내 기준이 중요해집니

다. '올해의 잇템', '지금의 기분을 나타내는 패션' 등으로 소개되는 스타일은 남에게 전달받은 가치관이죠. 내 기준에 비추어보고 마음에 든다면 괜찮겠지만, 그렇지 않다면 몸에 걸쳐봤자 기분이 썩 좋지는 않아요. 유행이라는 이유만으로 입는 건 누군가의 가치관에 휩쓸리는 것. 유행은 빠른 사이클로 계속 바뀌기 때문에 신경을 쓰기 시작하면 늘 쫓기는 기분이 들어요. 그렇게 되면 스트레스만 쌓이고 패션을 즐길 수 없어져요.

패션에도 자기 기준이 있으면 마음이 편안해지고, 무엇보다 즐겁게 지낼 수 있어요. 좋아하는 색, 싫어하는 색, 좋아하는 형태, 싫어하는 형태를 스스로에게 한 번 물어보세요.

잡지나 인터넷의 패션 정보는 내 기준을 세울 때 참고하면 도움이 될 거예요. 혼자서는 잘 모르겠다 싶으면 패션을 잘 아는 사람의 조언을 받는 것도 좋아요. 그렇게 해서 내 기본 스타일을 정합니다.

매일 아침 어떻게 입을지 생각하기가 번거롭다면 때와 장소, 상황에 따라 갖고 있는 옷의 조합을 미리 정해두면 해결됩니다. 마음에 드는 아이템은 색깔별로 여러 벌 갖춰두면, 조합할 수 있는 패턴도 몇 배로 늘어나겠죠. 이렇게 해서 패턴을 만들어두면, 아침에 옷 때문에 소비하는 시간이 줄어들어요.

나의 맨얼굴이 당신에게 폐가 되나요?

저는 일본에서도 주로 캐주얼한 옷을 입었기 때문에 베를린에 살면서도 그렇게 큰 변화는 없었어요. 옷차림보다 많이 바뀐 건 화장법이에요. 언제부턴가 외출할 때 파운데이션을 바르지 않기 시작했어요. 스킨과 크림을 바르고 나서 파운데이션 대신 페이스파우더를 두드려 바르면 베이스 메이크업은 끝이에요. 그 다음엔 뷰러로 속눈썹을 올리고 포인트 메이크업을 조금 할 뿐이에요. 그 상태로 사람을 만나거나 쇼핑을 하러 나가요.

예전에 공동생활을 함께한 독일 여성들도 비슷했어요.

당시 20대 후반에서 30세 정도였는데, 보통은 거의 민얼굴에 가까운 상태로 지냈어요. 파티 등 특별한 때만 아이라인에 아이섀도, 마스카라로 메이크업을 했고요. 언제나 풀 메이크업을 하는 사람은 적은 편이라 독일에서는 오히려 어색하게 느껴져요.

혹시 '어느 정도 나이 있는 여성이 화장을 제대로 안 하면 실례'라고 생각하는 사람도 있을지 모르겠네요. 일본에서는 패션이나 화장에 대해 매너나 몸가짐이라는 말을 자주 사용해요. 고등학교까지는 교칙으로 화장을 엄격히 금지해놓고, 대학에 들어가거나 취직을 하면 갑자기 화장하는 게 매너라고 하는 건 어불성설이 아닌가 싶어요. 과연 나의 맨얼굴이 남에게 폐가 되는 걸까요?

물론 때와 장소를 가리는 건 기본이죠. 하지만 몸만 깨끗이 한다면 그 다음은 개인의 문제라고 봐요. 매너라는 말로 하나의 기준에 억지로 끼워 맞추는 데 거부감을 느껴요.

독일에서는 그런 압박이 아예 통하지 않아요. 그런 말을 하면 대부분이 매너를 위반한 셈이 되고, 당연히 차별적인 발언으로 여겨집니다. 무엇보다 아무도 그런 말을 들으려하지 않아요.

화장도 멋도 내 기분이 좋아지거나 즐기기 위한 것. 남의 지시를 받아서 하는 게 아닙니다. 특별한 때 화장을 하면 자연스레 미소가 지어지죠. 이런 식으로 스스로 기준을 정하면 된다고 생각해요. 어디까지 화장을 생략할 수 있는지, 반대로 어디까지 화장을 하고 싶은지 거울 앞에서 한번 테스트해 보는 것도 좋을 것 같아요.

옷은 편하게 헤어스타일은 멋스럽게

독일의 겨울은 정말 추워서 베를린은 영하 10~15℃일 때도 있을 정도예요. 외출할 때는 후드나 니트 모자를 푹 뒤집어쓸 때가 많아서 헤어스타일을 논할 상황이 못 돼요. 하지만 여름이 되면 머리 스타일에 변화를 주는 여성을 자주 봐요. 패션은 그리 유행을 타지 않지만 헤어스타일 하나로 특별한 분위기를 내는 거죠. 예를 들어 묶은 머리를 둥글게 틀어 올리는, 일명 만두 머리는 젊은 여성이 특히 많이 해요. 집게 핀으로 머리를 간단히 묶어 올리는 스타일도 일반적이에요. 예전에 60대 여성이 이야기를 하다가 제 눈앞에서 머리를 묶더니 빙빙 꽈서 집게 핀으로 딱 고정시키는 걸 본 적이 있어요. 머리를 늘어뜨렸을 때보다 훨씬 우아해 보였어요.

머리를 공들여 땋거나 하는 게 아니라, 그냥 무심하게 되는 대로 묶기만 해요. 독일인은 머리카락이 가늘고 부드러워서 그렇게만 해도 멋스러워 보이니 부러울 따름이에요. 굵고 탄력 있는 아시아인의 머리는 묶어 올리면 끝이 삐져나오기 일쑤죠. 그럴 땐 살짝 파마를 해두면 관리하기가 쉬워요. 가볍게 파마한 머리는 단지 묶기만 해도 모양이 나요. 바쁜 사람이 하기에 좋은 스타일이라고 생각해요.

하지만 풍성하고 생기 있는 흑발이 부럽다는 말도 자주 들어요. 독일인의 가는 머리는 스타일을 내긴 쉽지만 금세 폭 꺼지기 때문이에요. 제가 취재할 때 독일 여성의 얼굴 사진을 찍으려 하면, 상대가 잠시만 기다려달라고 하고는 머리를 다시 부풀려 묶을 때가 자주 있어요. 드러그스토어에는 머리숱을 풍성하게 하는 샴푸가 몇 종류나 진열되어 있어요. 서로 없는 부분을 갖고 싶어 하는 게 사람의 심리겠죠.

미장원의 가격대가 다양해서 예산에 맞게 고를 수 있어요.

독일인은 염색을 많이 해요. 갈색, 금발, 흑발, 핑크나 그린 등 모두 제각각 다른 색으로 물들여요. 독일인은 원래 사람에 따라 머리색이 다양해서 색깔을 바꾸는 데도 거부감이 적은 듯해요. 지인인 독일 여성은 원래 흑갈색인 머리를 검게 물들이더니 "갈색 머리는 흔해. 흑발이 더 인상적으로 보일 거야."라고 말했어요. 그 여성은 집에서 셀프 염색을 하는데, 이렇게 자기 집에서 염색을 하는 사람이 많아요. 집에서는 자란 부분만 염색하고, 이미지를 바꾸고 싶을 때는 미장원에 가는 식으로 이용해요.

반면 흰머리는 염색하지 않고 자연스럽게 두는 사람이 많아요. 제 친구는 30대부터 흰머리가 눈에 띄었는데, 염색하지 않은 자연 그대로가 좋다고 해요. 이렇듯 무엇이 되었든 역시 최종적으로는 자신만의 기준과 사고방식에 따릅니다.

남녀노소와 관계없이 독일인이 가장 많이 입는 옷, 까만 바람막이.

매년 새로운 옷을 입어야 한다는 강박감이 없어 유행을 타지 않는 옷이 대부분이다.

과소비하지 않는 독일인이지만,
지갑을 노리는 귀여운 소품은 늘 있는 법.

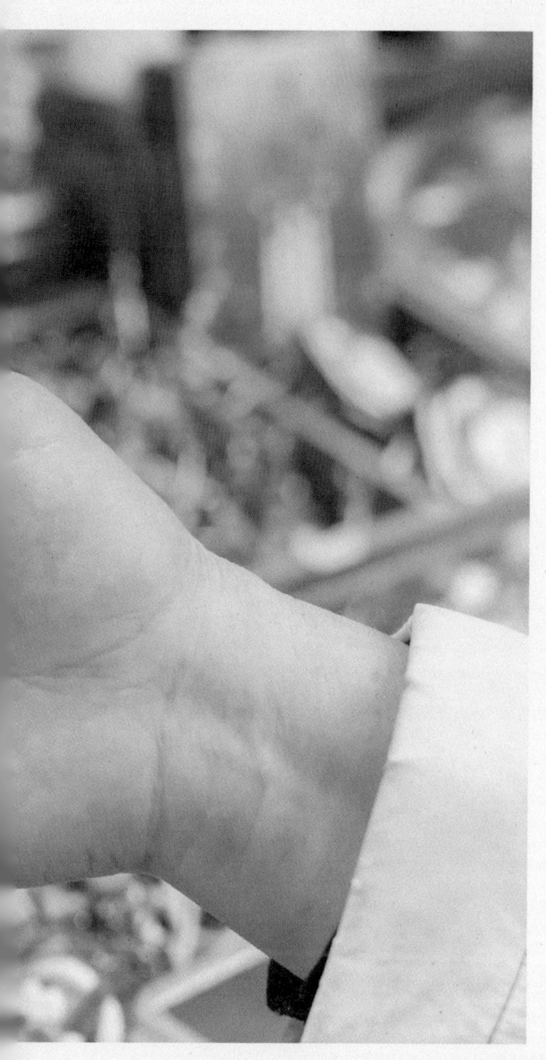

화장을 강요하지 않고 강제하지 않는 문화.

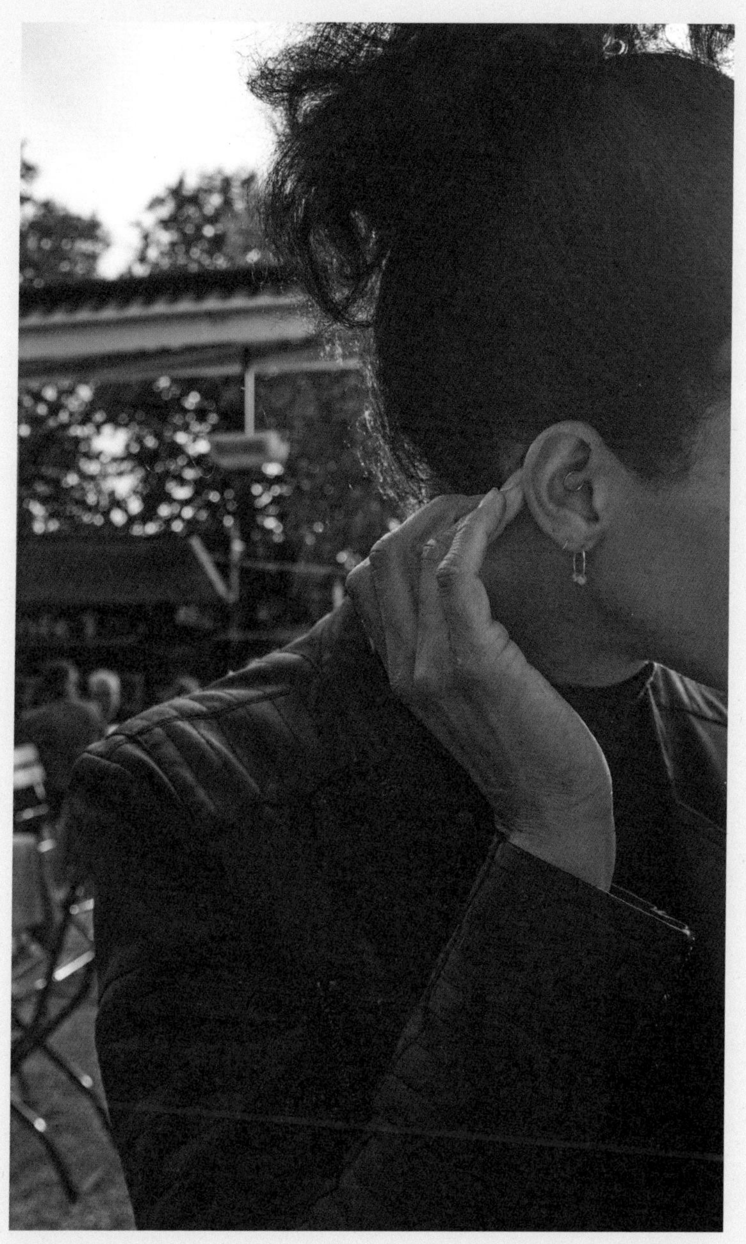

맺음말

어떤 불편이든 결국은 마음의 약이 될 거예요

드디어 여기까지 이르렀네요. 지금 저는 '이 책으로 독자 여러분의 마음이 조금은 가벼워졌을까. 뭔가 도움이 되었으면 좋겠다.'라고 기도하는 마음이에요.

이 책 첫머리에 썼듯이 제가 베를린에 온 이유는 일본에서 업무로 인한 스트레스가 한계에 달했기 때문이었어요. 뜻하지 않게 이 도시에 매료되어 오래 머물고 있는데, 외국에서 살다보면 불편한 점도 상당히 많아요. 하지만 반대로 그런 경험들이 제 가치관을 흔들면서, 오히려 마음이 편해지기도 했어요. 지금은 무엇이든 마음의 양식이 된다는 자세로 살아가고 있죠.

독일인의 라이프스타일에 대한 책을 써보지 않겠냐는 제안을 들었을 때, 꼭 해보고 싶다고 바로 답했어요. 10년도 지난 일을 떠올리며 이 책을 써나가는 동안, 제 베를린 생활은 스트레스를 많이 받는 습관에서 벗어나기 위한, 일종의 재활 치료였다는 걸 깨달았어요.
원고는 좀처럼 진전이 없어서 고민을 거듭하며 썼지만, 사진은 무척 즐겁게 촬영했어요. 제가 매일 시간을 보내는 집, 너무나 좋아하는 베를린의 거리 사진을 통해 글로는 다 전할 수 없는 분위기를 독자 여러분이 느끼시면 좋겠어요.
생각대로 써지지 않아 다시 쓰기를 반복하는 저와 함께해주신 마츠모토 다카코 편집자님 정말 고맙습니다. 이 책을 쓸 기회를 주셔서 마음 깊이 감사하고 있어요. 디자이너인 시로토미 가오리 씨, 시로토미 씨의 디자인 정말 좋아해요. 항상 제 책의 디자인을 맡아주셔서 고맙습니다.
그리고 소중한 제 가족들. 항상 응원해줘서 고마워요. 떨어져 있어도 우린 늘 함께예요.

2018년 9월 기록적인 폭염이 한풀 꺾인 베를린에서

구보타 유키

옮긴이 강수연

이화여대 신문방송학과를 졸업한 뒤 10여 년간 뉴스를 취재하고 편집했다. 현재 도쿄에 거주하고 있으며, 바른번역 소속 번역가로 원작의 결을 살리는 번역 작업에 정성을 다하고 있다. 《가르치는 힘》《괜찮아 다 잘되고 있으니까》《힘 있게 살고 후회 없이 떠난다》《좋아하는 일만 하며 재미있게 살 순 없을까?》《아이 셋 워킹맘의 간결한 살림법》《최강의 야채 수프》《편해지는 연습을 해요》《소심해도 잘나가는 사람들의 비밀》《제로 다이어트》 등을 기획, 번역했다.

**나는
나에게만
친절합니다**

1판 1쇄 인쇄 2019년 11월 7일
1판 1쇄 발행 2019년 11월 15일

지은이 구보타 유키
옮긴이 강수연

발행인 양원석
본부장 김순미
편집장 김건희
책임편집 전설
디자인 RHK 디자인팀 이재원, 김미선
해외저작권 최푸름
제작 문태일, 안성현
영업마케팅 최창규, 김용환, 윤우성, 양정길, 이은혜, 신우섭, 유가형
김유정, 임도진, 정문희, 신예은, 유수정, 박소정, 강효경

펴낸 곳 ㈜알에이치코리아
주소 서울시 금천구 가산디지털2로 53, 20층(가산동, 한라시그마밸리)
편집문의 02-6443-8932 **구입문의** 02-6443-8838
홈페이지 http://rhk.co.kr
등록 2004년 1월 15일 제2-3726호

ISBN 978-89-255-6790-7 (03320)